四特 教育系列丛书 SITE JIAOYUXILIECONGSHU

与学生谈非智力培养

《"四特"教育系列丛书》编委会 编著

吉林出版集团股份有限公司
全国百佳图书出版单位

图书在版编目 (CIP) 数据

与学生谈非智力培养／《"四特"教育系列丛书》编委会编著 . —长春：吉林出版集团股份有限公司，2012.4
（"四特"教育系列丛书／庄文中等主编 . 与学生谈生命与青春期教育）
ISBN 978-7-5463-8646-1

I . ①与… Ⅱ . ①四… Ⅲ . ①非智力因素－能力培养－青年读物②非智力因素－能力培养－少年读物 Ⅳ . ① G44-49

中国版本图书馆 CIP 数据核字（2012）第 044161 号

与学生谈非智力培养
YU XUESHENG TAN FEI ZHILI PEIYANG

出 版 人	吴 强	
责任编辑	朱子玉 杨 帆	
开 本	690mm × 960mm 1/16	
字 数	250 千字	
印 张	13	
版 次	2012 年 4 月第 1 版	
印 次	2023 年 2 月第 3 次印刷	

出 版	吉林出版集团股份有限公司
发 行	吉林音像出版社有限责任公司
地 址	长春市南关区福祉大路 5788 号
电 话	0431-81629667
印 刷	三河市燕春印务有限公司

ISBN 978-7-5463-8646-1　　　　　定价：39.80 元

前　言

　　学校教育是个人一生中所受教育最重要组成部分,个人在学校里接受计划性的指导,系统地学习文化知识、社会规范、道德准则和价值观念。学校教育从某种意义上讲,决定着个人社会化的水平和性质,是个体社会化的重要基地。知识经济时代要求社会尊师重教,学校教育越来越受重视,在社会中起到举足轻重的作用。

　　"四特教育系列丛书"以"特定对象、特别对待、特殊方法、特例分析"为宗旨,立足学校教育与管理,理论结合实践,集多位教育界专家、学者以及一线校长、老师们的教育成果与经验于一体,围绕困扰学校、领导、教师、学生的教育难题,集思广益,多方借鉴,力求全面彻底解决。

　　本辑为"四特教育系列丛书"之《与学生谈生命与青春期教育》。

　　生命教育是一切教育的前提,同时还是教育的最高追求。因此,生命教育应该成为指向人的终极关怀的重要教育理念,它是在充分考察人的生命本质的基础上提出来的,符合人性要求,是一种全面关照生命多层次的人本教育。生命教育不仅只是教会青少年珍爱生命,更要启发青少年完整理解生命的意义,积极创造生命的价值;生命教育不仅只是告诉青少年关注自身生命,更要帮助青少年关注、尊重、热爱他人的生命;生命教育不仅只是惠泽人类的教育,还应该让青少年明白让生命的其它物种和谐地同在一片蓝天下;生命教育不仅只是关心今日生命之享用,还应该关怀明日生命之发展。

　　同时,广大青少年学生正处在身心发展的重要时期,随着生理、心理的发育和发展、社会阅历的扩展及思维方式的变化,特别是面对社会的压力,他们在学习、生活、人际交往和自我意识等方面,都会遇到各种各样的心理困惑或问题。因此,对学生进行青春期健康教育,是学生健康成长的需要,也是推进素质教育的必然要求。青春期教育主要包括性知识教育、性心理教育、健康情感教育、健康心理教育、摆脱青春期烦恼教育、健康成长教育、正确处世教育、理想信念教育、坚强意志教育、人生观教育等内容,具有很强的系统性、实用性、知识性和指导性。

　　本辑共 20 分册,具体内容如下:

　　1.《与学生谈自我教育》

　　自我教育作为学校德育的一种方法,要求教育者按照受教育者的身心发展阶段予以适当的指导,充分发挥他们提高思想品德的自觉性、积极性,使他们能把教育者的要求,变为自己努力的目标。要帮助受教育者树立明确的是非观念,善于区别真伪、善恶和美丑,鼓励他们追求真、善、美,反对假、恶、丑。要培养受教育者自我认识、自我监督和自我评价的能力,善于肯定并坚持自己正确的思想言行,勇于否定并改正自己错误的思想言行。要指导受教育者学会运用批评和自我批评这种自我教育的方法。

　　2.《与学生谈他人教育》

　　21 世纪的教育将以学会"关心"为根本宗旨和主要内容。一般认为,"关心"包括关心自己、关心他人、关心社会和关心学习等方面。"关心他人"无疑是"关心"教育的最为重要的方面之一。学会关心他人既是继承我国优良传统的基础工程,也是当前社会主义精神文明建设的基础工程,是社会公德、职业道德的主要内容。许多革命伟人,许多英雄模范,他们之所以有高尚境界,其道德基础就在于"关心他人"。本书就学生的生命与他人教育问题进行了系统而深入的分析和探讨。

3.《与学生谈自然教育》

自然教育是解决如何按照天性培养孩子,如何释放孩子潜在能量,如何在适龄阶段培养孩子的自立、自强、自信、自理等综合素养的均衡发展的完整方案,解决儿童培养过程中的所有个性化问题,培养面向一生的优质生存能力、培养生活的强者。自然教育着重品格、品行、习惯的培养;提倡天性本能的释放;强调真实、孝顺、感恩;注重生活自理习惯和非正式环境下抓取性学习习惯的培养。

4.《与学生谈社会教育》

现代社会教育是学校教育的重要补充。不同社会制度的国家或政权,实施不同性质的社会教育。现代学校教育同社会发展息息相关,青少年一代的成长也迫切需要社会教育密切配合。社会要求青少年扩大社会交往,充分发展其兴趣、爱好和个性,广泛培养其特殊才能,因此,社会教育对广大青少年的成长来说,也其有了极其重要的意义。本书就学生的生命与社会教育问题进行了系统而深入的分析和探讨。

5.《与学生谈创造教育》

我们中小学实施的应是广义的创造教育,是指根据创造学的基本原理,以培养人的创新意识、创新精神、创造个性、创造能力为目标,有机结合哲学、教育学、心理学、人才学、生理学、未来学、行为科学等有关学科,全面深入地开发学生潜在创造力,培养创造型人才的一种新型教育。其主要特点有:突出创造性思维,以培养学生的创造性思维能力为重点;注重个性发展,让学生的禀赋、优势和特长得到充分发展,以激发其创造潜能;注意启发诱导,激励学生主动思考和分析问题;重视非智力因素。培养学生良好的创新心理素质;强调实践训练,全面锻炼创新能力。本书就学生的生命与创造教育问题进行了系统而深入的分析和探讨。

6.《与学生谈非智力培养》

非智力因素包含:注意力、自信心、责任心、抗挫折能力、快乐性格、探索精神、好奇心、创造力、主动思索、合作精神、自我认知……本书就学生的非智力因素培养问题进行了系统而深入的分析和探讨,并提出了解决这一问题的新思路、可供实际操作的新方案,内容翔实,个案丰富,对中小学生、教师及家长均有启发意义。本书体例科学,内容生动活泼,语言简洁明快,针对性强,具有很强的系统性、实用性、实践性和指导性。

7.《与学生谈智力培养》

教师在教学辅导中对孩子智力技能形成的培养,应考虑智力技能形成的阶段,采取多种教学措施有意识地进行。本书就学生的智力培养教育问题进行了系统而深入的分析和探讨,并提出了解决这一问题的新思路、可供实际操作的新方案,内容翔实,个案丰富,对中小学生、教师及家长均有启发意义。本书体例科学,内容生动活泼,语言简洁明快,针对性强,具有很强的系统性、实用性、实践性和指导性。

8.《与学生谈能力培养》

真正的学习是培养自己在没有路牌的地方也能走路的能力。能力到底包括哪些内容?怎样培养这些能力呢?本书就学生的能力培养问题进行了系统而深入的分析和探讨,并提出了解决这一问题的新思路、可供实际操作的新方案,内容翔实,个案丰富,对中小学生、教师及家长均有启发意义。本书体例科学,内容生动活泼,语言简洁明快,针对性强,具有很强的系统性、实用性、实践性和指导性。

9.《与学生谈心理锻炼》

心理素质训练在提升人格、磨练意志、增强责任感和团队精神等方面有着特殊的功效,作为对大中专学生的一种辅助教育方法,不仅能够丰富教学内容,改革教学模式,而且能使大学生获得良好的体能训练和心理教育,增强他们的社会适应能力,提高他们毕业之后走上工作岗位的竞争力。本书就学生的心理锻炼问题进行了系统而深入的分析和探讨。

10.《与学生谈适应锻炼》

适应能力和方方面面的关系很密切,我认为主要有以下几个方面:社会环境、个人经历、身体状况、年龄性格、心态。其中最重要是心态,不管遇到什么事情,都要尽可能的保持乐观的态度从容的心态。适应新环境、适应新工作、适应新邻居、适应突发事件的打击、适应高速的生活节奏、适应周边的大悲大喜,等等,都需要我们用一种冷静的态度去看待周围的事物。本书就学生的社会适应性锻炼教育问题进行了系统而深入的分析和探讨。

11.《与学生谈安全教育》

采取广义的解释,将学校师生员工所发生事故之处,全部涵盖在校园区域内才是,如此我们在探讨校园安全问题时,其触角可能会更深、更远、更广、更周详。

12.《与学生谈自我防护》

防骗防盗防暴与防身自卫、预防黄赌毒侵害等内容,生动有趣,具有很强的系统性和实用性,是各级学校用以指导广大中小学生进行安全知识教育的良好读本,也是各级图书馆收藏的最佳版本。

13.《与学生谈青春期情感》

青春期是花的季节,在这一阶段,第二性征渐渐发育,性意识也慢慢成熟。此时,情绪较为敏感,易冲动,对异性充满了好奇与向往,当然也会伴随着出现许多情感的困惑,如初恋的兴奋、失恋的沮丧、单恋的烦恼等等。中学生由于尚处于发育过程中,思想、情感极不稳定,往往无法控制自己的情绪,考虑问题也缺乏理性,常常会造成各种错误,因此人们习惯于将这一时期称作"危险期"。本书就学生的青春期情感教育问题进行了系统而深入的分析和探讨。

14.《与学生谈青春期心理》

青春期是人的一生中心理发展最活跃的阶段,也是容易产生心理问题的重要阶段,因此要关注心理健康。本书就学生的青春期心理教育问题进行了系统而深入的分析和探讨,并提出了解决这一问题的新思路、可供实际操作的新方案,内容翔实,个案丰富,对中小学生、教师及家长均有启发意义。本书体例科学,内容生动活泼,语言简洁明快,针对性强,具有很强的系统性、实用性、实践性和指导性。

15.《与学生谈青春期健康》

青春期常见疾病有,乳房发育不良,遗精异常,痤疮,青春期痤疮,神经性厌食症,青春期高血压,青春期甲状腺肿大,甲型肝炎等。用注意及时预防以及注意膳食平衡和营养合理。本书就学生的青春期健康教育问题进行了系统而深入的分析和探讨,并提出了解决这一问题的新思路、可供实际操作的新方案,内容翔实,个案丰富,对中小学生、教师及家长均有启发意义。本书体例科学，内容生动活泼，语言简洁明快，针对性强，具有很强的系统性、实用性、实践性和指导性。

16.《与学生谈青春期烦恼》

青少年产生烦恼的生理原因是什么？青少年的烦恼有哪些？消除青春期烦恼的科学方法有哪些？本书就学生如何摆脱青春期烦恼问题进行了系统而深入的分析和探讨，并提出了解决这一问题的新思路、可供实际操作的新方案，内容翔实，个案丰富，对中小学生、教师及家长均有启发意义。本书体例科学，内容生动活泼，语言简洁明快，针对性强，具有很强的系统性、实用性、实践性和指导性。

17.《与学生谈成长》

成长教育的概念，从目的和方向上讲，应该是培育身心健康的、适合社会生活的、能够自食其力的、家庭和睦的、追求幸福生活的人；从内容上讲，主要是素质及智慧的开发和培育。人的内涵最根本的是思想，包括思想的内容、水平、能力等；外显的是言行、气质等。本书就学生的健康成长问题进行了系统而深入的分析和探讨，并提出了解决这一问题的新思路、可供实际操作的新方案，内容翔实，个案丰富，对中小学生、教师及家长均有启发意义。

18.《与学生谈处世》

处世是人生的必修课，从小要教给孩子处世的技巧，让孩子学会处世的智慧，这对他们的成长至关重要。本书从如何做事、如何交往、如何生活、如何与人沟通、如何处理自己的消极情绪等十个方面着手，力图把处世的智慧教给孩子，让孩子学会正确处理复杂的人际关系。本书体例科学，内容生动活泼，语言简洁明快，针对性强，具有很强的系统性、实用性、实践性和指导性。

19.《与学生谈理想》

教育是一项育人的事业，人是需要用理想来引导的。教育是一项百年大计，大计是需要用理想来坚持的。教育是一项崇高的事业，崇高是需要用理想来奠实的。学校没有理想，只会急功近利，目光短浅，不能真正为学生终身发展奠基；教师没有理想，只会自怨自艾，早生倦怠，不会把教育当作终身的事业来对待。学生没有理想，就没有美好的未来。本书就学生的理想信念问题进行了系统而深入的分析和探讨，并提出了解决这一问题的新思路、可供实际操作的新方案，内容翔实，个案丰富，对中小学生、教师及家长均有启发意义。

20.《与学生谈人生》

人生观是对人生的目的、意义和道路的根本看法和态度。内容包括幸福观、苦乐观、生死观、荣辱观、恋爱观等。它是世界观的一个重要组成部分，受到世界观的制约。本书就学生如何树立正确的人生观问题进行了系统而深入的分析和探讨，并提出了解决这一问题的新思路、可供实际操作的新方案，内容翔实，个案丰富，对中小学生、教师及家长均有启发意义。本书体例科学，内容生动活泼，语言简洁明快，针对性强，具有很强的系统性、实用性、实践性和指导性。

由于时间、经验的关系，本书在编写等方面，必定存在不足和错误之处，衷心希望各界读者、一线教师及教育界人士批评指正。

编者

目　录

第一章

学生非智力因素的培养

1. 学生的非智力因素培养

现代心理学家认为，人是由生理和心理两大类功能组合而成，人只有在生理与心理得到全面发展的前提下，才能被称之为健康的人；只有在智力与非智力因素充分发挥作用的条件下，才可能成为一个有作为的人。智力因素通常是指记忆力、观察力、思维能力、注意力、想象力等，即认识能力的总和。它是人们在对事物的认识中表现出的心理性，是认识活动的操作系统。而非智力因素是指智力因素以外的一切心理因素，它对人的认识过程起直接制约的作用。其中主要包括兴趣、情绪、情感、意志、性格等，非智力因素是认识活动的动力系统。

兴趣是指在明确目标的基础上积极探索各种事物的心理倾向。情绪是人心理活动的重要一面,情绪情感好坏与兴趣的大小对智力活动有很大影响。孩子上学是否有兴趣,是高高兴兴地学,还是愁眉苦脸地学,其效果是大不一样的。深厚的兴趣和好的情绪使智力活动进入积极状态,往往会唤起人们废寝忘食的钻研劲头,从而成为发掘智力潜力的金钥匙。而不好的情绪,受压抑、害怕、反感等则抑制智力活动。

意志即是指人们自觉地克服困难，实现预定目标的心理过程。性格是人对现实的态度和在行为方式中比较稳定的心理特征。良好的性格如勤奋、自信、自强等，对一个人的成长起积极作用，而不良的性格如懦弱、懒惰等，则对人的成长起消极作用。

总之，非智力因素是引导和促进孩子学习、成长的一种内驱力，它对孩子智力与能力的发展起着动力和定向的作用。

在现实生活中，不少家长对待孩子智力的发展十分重视，进行了大量的智力投资，但却往往忽视了对孩子非智力因素的培养，这在一定程度上影响了孩子智力的发展与学习效果的提高。有些孩子由于家长的溺爱、娇惯等不良教育方式的影响，造成了他们的创造性、懒惰、依赖性强、意志薄弱等。

所以从孩子进小学后就要注意非智力因素的培养。对智力水平较高的孩子，不要以为智力水平高了就可以万事大吉，还要注意培养他们非智力因素，从而促使他们的健康成长。对智力水平一般甚至较差的孩子，更要重视培养他们的非智力因素，因为这往往能弥补智力上的某些弱点，促进他们智力的发展。俗话说：勤能补拙、笨鸟先飞、勤奋出天才等，就是这个道理。实际上，大多数孩子之间智商差异不大，为什么智力发展差异很大呢？主要原因是非智力因素影响的结果。

小学教育是基础教育的基础，它的关键在于为孩子今后的学习和成长奠基。这个基础不仅有智力的基础，还有非智力的基础。所以，小学生家长不仅要注意指导孩子学好功课，发展他们的智力，更重要的是要注意培养孩子的良好的心理品质，进行多项素质教育，才能使孩子不断提高学习效率，促进他们的全面发展。

培养学生自信心

（1）鼓励学习，增强自信

面对陌生的世界，每个正常的儿童都具有天生的好奇心，他们对周围发生的一切事物都会作出反应，要试验，要探索。成人要接受儿童的好奇心，向他们打开学习的绿灯。遗憾的是，有些家长却不是这样，例如：小明拆卸新买来的玩具汽车，就会听到"不要动"；在花园里，他伸手去捉一个从未见过的虫子，又听到"不要动！这虫子太脏"。屡次受挫，他感到探索不大安全，久而久之，好奇心处处受到抑制，学习热情丧失殆尽。所以，我们的家长要有战略眼光，不能因小失大。

父母和教师要鼓励孩子学习，真诚地赞扬他们所取得的微薄的成绩，使他们切实认识到，我能学好！从而增强自信心。自信自强的孩子的信仰是我行，我能干，我有事可干！从而开足马力向前冲。小宁歪歪扭扭地写出了自己的名字，父母把它端端正正地摆在写字台前，她很高兴，今后会写得更好。小方学会了算术，爸爸要他为单元里的住房算电费，他兴奋异常，又快又好地完成了任务。

（2）发挥特长，促进自信

孩子们的智力发展是不均衡的，每个人都有自己的个性特色。父母要了解孩子，激发他的优势。小田学习成绩不拔尖，但他天生一副好嗓子，朗诵起课文来声情并茂，老师和家长充分发挥他的特长，让他担任学校广播站的播音员，他不仅发挥了特长，成绩也提高了很多，从而促进了自信心。

（3）多让发言，培养自信

要重视孩子的语言发展。贫乏的语言环境妨碍学业的进步。要尊重儿童的意见和感情，创设安全的气氛，让孩子畅所欲言，要鼓励孩子在课堂上积极发言，以培养他们的自信心。要不错误地认为不声不响埋头学习就是好孩子。

（4）指导实践，提高自信

要鼓励孩子参加各种解决总是的实践活动。无论是学科学习还是非学科学习，要指导孩子自己动脑筋解决总是，常使他们体验到成功的喜悦，那么，孩子的自信心就会得到提高。

高度的自信和自由奔放的创造性是密切相关的。研究表明，只有具有自由创造才能的儿童，充满自信，沉着镇静，善于独立思考，才能够聚精会神，专注于个人的学业，使学习效率不断提高。

培养学生学习动机

学习动机是掌握知识、形成完善品格的重要条件，是直接推动学

生进行学习活动的内部动力。孩子们到学校去学习，动机是千差万别的，有的希望像哥哥、姐姐那样戴上红领巾，有的想跟同学在一块儿玩，有的是由于父母的启发和要求，动机虽然多种多样，但共同的特点是学习目的不够明确，更谈不上深刻。

一般说来，低年级儿童学习动机是直接与学习活动相联系的，他们主要感兴趣的是学习活动本身：手里的小棍，书里的画面等等，对学习的结果如何，常常不大关心。小学中高年级儿童会逐渐理解学习的社会意义，明确学习的责任，义务感会大大增强，从要我学逐渐过渡到我要学。

（1）因势利导，激发学习动机

家长们可利用一切教育的契机，培养孩子正确的学习动机。例如：孩子喜欢小动物，就带他们到动物园去观察，给他们看一些介绍动物的画片、图书，教育他们多读书，以后就能掌握更多的知识，成为动物学专家。孩子喜欢漂亮的房子，可以因势利导，要他们学好数学、美术等，将来成为建筑师。总之，可以利用一切具体的人和事物及时教育孩子主动地、认真地学习，逐步理解学习的社会意义。

（2）及时反馈，端正学习动机

随着年龄的增长，孩子们对学习的内容和结果越来越注意。在学校里，我们常看到这样的现象，在低年级的课堂提问中，孩子们乐于举手回答教师的提问，对回答的内容和结果不够注意，甚至站起来张口结舌回答不出来。从中年级起，孩子对老师的提问变得慎重起来，因为他们知道，回答的好坏反映了学习的成果，涉及老师和同学们对自己的评价。因此，到了高年级，家长要注意及时向孩子反馈他们学习的成果，要根据孩子的特点与程度，正确地评估他们的成绩，以鼓励为主，不断提出新要求，帮助孩子树立正确的学习动机。

培养学生学习兴趣

学习兴趣指孩子对知识的一种积极认知的倾向，它是推动学习活动的一种动力。

小学生的学习兴趣，不是自然而然形成的，需要给予培养。所以，在教学过程中，教师随时随地都在注意激发和培养学生的学习兴趣。那么，做家长的应该如何培养孩子的学习兴趣呢？

（1）珍视学生好奇心

对孩子的好奇心、兴趣和才能，一不推，二不捧。有些父母对孩子提出的许多问题缺乏耐心，往往采取回避或粗暴的态度，"去，去！没看见我正忙着吗？就你问题多!"这些粗暴的做法就是推，它把孩子的求知欲望摧毁了。对子女的好奇心和兴趣、才能要热情鼓励，给予支持，但不能捧，尤其不能把孩子的才能当作家庭的小摆设，在大庭广众、亲戚朋友中炫耀、吹捧，那样会使孩子沾沾自喜，以致误了孩子终身。

（2）明确学习目的

目的和兴趣都是需要的表现形式，它们之间有着十分密切的关系。孩子对某一事物认识的目的越明确、具体,对该事物的兴趣就越大。仅仅由某事物或现象的生动性或趣味性引起的儿童兴趣是肤浅的，而由明确的学习目的支持的学习兴趣，才是深刻的、稳定的和持久的。在小学生的课程范围内，有些知识是相当枯燥的，比如数学中的某些知识，它们很难以其本身的生动性引起儿童的兴趣，但是，如果家长能向孩子说明这些知识在社会主义四化建设中的作用，并启发或带着孩子去亲身体验，让孩子明确学习目的,孩子可能会乐于学习这些知识。

（3）帮助积累知识

假如说一个孩子对某方面的知识发生兴趣，那就是说，他必然是已经接触了这方面知识，并且有所体验，感觉到它的有趣。如果一个孩子在这方面的知识是零，那么，他说对它有兴趣，则只不过是一句空话。是没有基础的，不可靠的。知识的积累有助于孩子学习兴趣的发展，例如，阅读兴趣，需要以识字为基础，识字越多，可读的书的

类别越多，范围就越大；学习历史，知道的历史事件越多，历史形象越多，对历史的兴趣可能越浓，参观历史博物馆将能帮助孩子积累这方面的知识。

（4）督促完成学习任务

兴趣是需要的表现形式，没有需要产生就根本不会有兴趣发生。给孩子提出需要完成的学习任务，让他们感到有必要去观察、思考，并寻求结果，则兴趣会伴随着发生。例如，让孩子收集十种树叶，做植物标本，但自己家的庭院里或宿舍楼旁边却只有五种树，孩子便只好到山上或公园里树叶，凑够十种，这个问题便能调动孩子对公园里或山上的各种植物的叶发生兴趣，树叶标本做好了，再要求孩子说明它们分属于哪些树，这些树有什么特征和生长规律，这样孩子便要进一步观察，并翻阅图书，收集这方面的知识，这可能促成孩子对某些植物方面的阅读兴趣。

（5）恰当运用竞赛方法

竞赛能激起孩子争上游的欲望。这种欲望会无形地激发孩子的学习兴趣。例如，让孩子一人埋头做题，他可能做一会儿就烦了，但如果适当穿插一些心算竞赛，则可能激起和保持孩子算题的热情和兴趣。父母和孩子，三人参加，第三次父母中有一个出题并兼裁判，一人同孩子比赛，十题一组，采用抢答方式，最后计分，看谁优胜。一组题算一盘，可比三盘，三盘两胜，也可比五盘，五盘三胜。又例如，语文作业中的由字组词训练，也可以由父母同孩子比赛，每出一个字，看谁组词多，而且不限于两个字组的词，也可以是三个字，四个字，甚至五个字组成的词。例如一字，可以组成一旦、一行、一贯、一味、一律、一般、一瞬、一系列、一言堂、一马当先等。

（6）营造学生兴趣环境

要使孩子学得有兴趣，学习的内容必须贴近孩子的生活，方法也适当变化。同样是要孩子写一篇作文，甲家长用命令的口吻对孩子说：

"今天是星期天,你必须写一篇作文。"孩子冥思苦想,无话可说,兴趣全无。而乙家长先带孩子到公园去游玩,让孩子说游玩的过程,适当地予以指点,再让孩子记下来,孩子兴趣盎然,文章便会写得有声有色。再如让孩子算一个月的生活费,也能激发他们学习数学的兴趣等等。

培养学生学习情感

情感是人对客观事物所持态度的体验。情感既是学习的重要目标,又是完成教学任务的重要手段,在孩子的学习过程中具有十分重要的地位。

(1)以理激发情感

情感以认识为基础,只有晓之以理,才能动之以情。要培养孩子对某种事物的情感,首先要让他们了解有关的知识,懂得有关的道理,知识越丰富,道理越深刻,感情就会越深厚。如,教孩子动物和植物的知识,告诉他们如果不保护动物和植物,生态就会遭到破坏,我们人类也要受到洪水、干旱、风沙等自然灾害的侵害,激发他们的情感后,孩子就会觉得更认真、更自觉。

(2)以情激发情感

情感的特点之一是具有感染性,要想使孩子感动,首先家长要感动。高尔基年轻时在一艘轮船上为厨师长念书,读到动人处,读者与听者都感动得热泪盈眶。如果我们的家长能很认真、很投入地和孩子讨论学习问题,倾听他们的意见,将会取得很好的教育效果。

(3)以行激发情感

实践是情感形成和转变的基础,也是丰富情感和推动情感的动力。孩子们学会了一些字词,家长请他们读报;学会了加、减、乘、除,家长就请他们为家庭生活做一些小小的计算,让他们在实践的过程中产生愉悦的心情。例如,小学语文课本中,有一篇巴金写的《春蚕》,说的是母亲养蚕的过程,赞扬了母亲勤劳、善良的品质。结合课文内

容，家长可安排孩子做一些家务劳动，让他们在劳动的过程中加深对学习内容的情感体验，使他们懂得每一位母亲的辛劳。美术、自然等学科更有许多孩子们可以实践的内容。

培养学生学习毅力

毅力是指在明确学习目的情况下，克服和排除学习中的内外困难和干扰，以顽强的意志完成学习任务的品质。当儿童具有了这种品质以后，他们就不会因一时的困难而气馁，也不会因内外干扰而分心。人的认识活动充满了各种各样的困难，人的意志总是与克服各种困难相联系，并在有目的的行动中表现出来。爱因斯坦说："优秀的性格和钢铁般的意志比智慧和博学更学为重要。"从小培养和锻炼孩子的毅力，可从以下几个方面入手

（1）教育学生从小立志

教育孩子从小立志，"伟大的目的产生伟大的毅力"、"坚强的意志源于崇高的理想"。家长可用古今中外科学家献身科学的志向与坚韧不拔，终至成功的事迹去教育孩子，如，我国著名桥梁专家茅以升，一辈献身于桥梁事业，与他从小受到的教育是分不开的。

南京秦淮河上有一座文德桥，有年端午节游人为争看龙舟竞赛被挤塌了，许多人掉到了桥下，有些孩子淹死了。事后，家人就带茅以升观看倒塌的文德桥，茅以升小小的心灵受到很大的震撼，从那时起，他就立志要造坚固耐用的大桥，也由此权拉了热爱科学、关心社会的崇高理想。

居里夫人为了提炼新元素，花了二十多年时间，做了一千多次试验，仅实验废物就上千吨，最后终于炼出了镭；再如，焦耳没有上过学，他的知识全靠自学获得，为了证明热是能的一种形式，使用种种方法，做了四百多种试验，历经了无数次的失败，最后终于获得了热

功的大量的数值；数学家阿基米德在罗马士兵沾满鲜血的利剑面前，临死还高喊："不要动我的几何图！"要让孩子懂得马克思的名言："在科学的道路上，没有平坦的大道，只有不畏劳苦，沿着崎岖山路攀登的人，才有希望到达光辉的顶点。"同时还要使孩子意识到个人的学习与社会进步的关系，从而使他们产生学习的社会责任感。为了贴近学生的实际，还可以用同龄人的榜样来教育孩子，如某某学生克服困难获得成功的事例，让孩子看得见，摸得着，可学习。

（2）鼓励学生不断克服困难

人的意志不是天生的，是在生产、生活的实践中，通过不断克服困难发展起来的，困难是培养孩子毅力的磨刀石。孩子学习上的毅力，也是在具体的学习活动过程中通过克服困难形成的。

有家长说：我要求孩子一年级总分在班级进入前十名，二年级进入前八名，六年级时要进入全年级前十名，设立这样的目标，让孩子一步一步地去实现，这个过程就培养了孩子的毅力。

这样的做法是不正确的，其总是有两个方面，一是这些目标是否切合孩子的实际，是否属于经过努力就能达到的，如果孩子不能达到这些目标，遇到的全是失败，毅力从何而来？二是部分的前几名，排第几位，受各种因素制约，本身就不是一个科学的目标。

正确的做法是，从具体问题入手，当孩子在学习上遇到困难时，不断地给予他意志与情感的鼓励，"我知道,这道题你一定能够须知出来"，"不要怕,只要努力理解深入思考,才答对了这道题,祝贺你"，让孩子从亲身的意志行为中尝到快乐。家长还可根据孩子特点，有意地设置一些困难，即让他跳一跳摘果子，激发他尽力跳起，从而培养战胜困难的毅力。

（3）引导学生体验成功感

培养孩子克服困难的毅力，与他们战胜困难的成功感关系密切。孩子只有在不断克服困难获得成功的循环往复中,才能形成毅力。家长要

以其自身的经验,启发孩子多种思考,教会一些行之有效的技能技巧,帮助孩子克服学习上的困难。必要时,降低学习的难度和要求,也不失为一种好方法。要知道,培养孩子的毅力,不只是对成绩优异的学生而言,有的孩子学习有障碍,家长根据实际情况,适当降低要求,使其获得成功,再逐步提高,也能培养孩子战胜困难的毅力。

现代教育提出了终身学习的思想。社会在突飞猛进地向前发展,面对这样不断变化的世界,不能以掌握静止知识的多少来衡量自己的学习情况,关键在于会学习,不断地学习。家长要和学校教师一道研究孩子的学习过程,培养非智力因素,帮助他们总结学习经验。授之以鱼不如授之以渔。教会学习方法,它比学一点静止的知识重要得多。告诉他们学习是终身的事,活到老,学到老,把学习当作生活中不可缺少的一部分,并从学习中获得无穷的乐趣,做一个真正的现代人。

2. 利用课堂培养学生非智力因素

智力因素和非智力因素的相互作用

(1)从情感和智力发展关系上

强烈的情感,会让学生把学习当作愉快的事,它能保证学生情绪饱满,精力充沛,思维敏捷,想象力丰富,记忆力强,学习效果好。

(2)从意志和智力发展关系上

刚强的意志,是一个人成才的不可缺少的心理品质。学习从来都是艰苦的劳动,若无顽强的意志和不懈的努力,守株待兔,将一事无成。在同等条件下,具有坚强意志的人,智力发展就快,而意志软弱者,会因为遇到困难而停滞不前,事业就会中断,半途而废。事实雄辩地证明,勤勉能促进智力的发展,勤勉,将能取得丰硕的成果。

培养学生非智力因素的方法

(1)教育学生树立崇高理想

培养学生正确的学习动机,这是学生能够发奋学习的内部动力,另外,还要教育学生树立正确而又具体的学习目的,养成良好的学习习惯。因为它是学习积极性的重要动力和源泉。

(2)激发学生的学习兴趣

因为它是学生能够积极学习的内部主要因素,所以教师只有在授课前明确交代本节课的目的和要求,同时,根据学生的年龄特点及认识规律,采取多种多样的有效方法,并带有艺术色彩地组织好课堂教学,才能激发起浓厚的学习兴趣。

(3)创造良好的学习情境

因为它能培养和提高学生的学习热情,而学习热情恰恰是学生必须具备的情感之一,也是学生进行创造性学习的心理基础所以,教师在教学中充分发扬民主,一视同仁,爱护学生。在课堂上,经常用温和的目光和鼓励的语言,让学生在和谐的学习气氛中完成学习任务,为学生树立勤勉、自觉、奋发向上的学习风尚奠定坚实的基础。

(4)培养学生的坚强意志

众所周知,任何非凡的能力,无不是长期坚持不懈努力的结果。因此,在教学过程中要帮助学生提高认识,发展情感。所谓提高认识,是指帮助学生牢固树立起正确的理想、信念;所谓情感,是指学生要具有良好的心境,饱满的热情,还要具有荣誉感、责任感、紧迫感和意志力。正因为情感是意志力的源泉,所以,在教学过程中,应通过教师自己的情感去感染学生,从而激发学生积极的情感,以引起积极的学习动机。

让学生通过解答一道具有一定难度的习题过程,培养他们的坚韧不拔的毅力,使学生养成必胜的信心,进而培养学生的自学能力,掌握正确的学习方法和思维方法。

浓厚的学习兴趣、积极向上的情感,可以转化为学习动机,用这样的动机去推动学习必然会产生积极的效果。另外,在积极向上的情感支配

下，还可以培养学生良好的意志品质，因此，作为教师在教学中只有抓好对学生非智力因素的培养，才能使学生在学习中，不仅掌握所学知识，为今后的学习打下坚实的基础，而且使他们具备了今后社会发展所需要的合格人才的基本品质。

3. 利用英语学科培养学生非智力因素

大学英语教学的成功不仅取决于学生的智力因素，还取决于非智力因素的积极作用。智力因素是指思维能力、想象力、理解力和记忆力等。非智力因素有广义和狭义之分，广义的非智力因素包括环境因素，生理因素和智力以外的心理因素，包括动机、情感、兴趣、性格、气质和意志等。非智力因素不直接参与认识过程，不负责对外信息的接收、加工和处理工作，但它对认识过程起制约和调节作用。

学习活动是智力因素和非智力因素共同参与的过程，并影响到学习效果，其中非智力因素是取得成功的动力系统，两者在学习过程中相辅相成，协调发展，相互促进，并激发学生学习的主动性和积极性，从而导向良性发展。人的智力在很大程度上是由先天遗传因素决定，它虽然存在一定的差别，但这种差别并不太明显，绝大部分学生都属于中等智商，然而学习成绩却明显不同，甚至同一个学生在不同的年龄阶段学习成绩也可能不尽相同，追寻其原因，很大程度上是由于学生非智力因素的高低决定的，它侧重的是后天的培养。

因此，在优化教学过程中教师要特别注重学生非智力因素的培养，全面提高学生的综合素质。下面从四个方面来加强对学生非智力因素的培养，以激发他们的求知欲和进取心。

激励学习动机

（1）动机在学生活动中的作用

学生的学习动机是指推动他们从事一定的学习活动的心理动因。此外是目标的选择过程,只有动机和具体活动目标相结合时,才实现了动机的动力和导向的核心作用。动机在学习活动中有三种作用:

第一,引起学生的学习兴趣。

第二,使学生建立明确的学习目标,并激发学生产生达到目标的欲望。

第三,使学生了解学习知识的意义和价值,从而专心致志地学习。

(2)激发学生学习动机的方法

①利用学习反馈的评价 使学生既能看到自己的进步,又能发现自己的不足之处,并在原有的基础上提出更高的要求,使之朝着更理想的方向发展。

②开展适当的竞赛 竞赛是激发学生的学习动机的一种有效方法,通过竞赛,使学生发觉自身的不足之处并调整努力的方向。在教学中,鼓励学生参加大英赛、演讲赛和课堂陈述等竞赛活动,刺激学生的竞争意识。

③加强与学生的交流 使自己成为学生的知心朋友,由于家庭、社会和学校中不良因素的影响,一些学生学习动机和目的不明确,他们丧失了学习的兴趣和信心,本着做一天和尚撞一天钟的态度,得过且过。多与他们交流谈心,谈谈生活、谈谈理想,旨在转变他们的观念和学习态度,重新启动其学习的动力。教育家彼格马利翁认为,家人、老师和朋友等对他们殷切期望以及对他们的态度能使他们产生勤奋进取的动力。这就是众所周知的"彼格马利翁效应",亦即"期待效应"。

加强兴趣培养

兴趣是人们力求认识、探究某种事物和从事某种活动的心理倾向。学生在英语学习中一旦对英语学习发生了兴趣,就能提高学习效果。因此,教师可在教学过程中可穿插一些与课文内容有关的、篇幅短小精悍的、内容诙谐风趣的幽默故事、笑话、电影片段、歌曲以及智语

警句等等，这不仅使学生能享受到英美人士的智慧和乐趣，调节身心，增加英语语言知识，提高英语文学修养，还能吸引学生的注意力，激发学习兴趣，提高学习效率。

此外，教师还可指导学生开展丰富多彩的英语课外活动，如阅读英文报刊，开展朗读比赛、翻译比赛、讲故事比赛以及英语角等活动，使学生有更多更好的机会接触英语、讲英语、用英语的机会，提高他们的学习兴趣与积极性，从而进一步促进他们的英语实际运用能力的提高。学生有了兴趣之后，才能积极引导学生作课前预习，课后复习，从而形成良好的学习习惯。

增进师生感情

英国著名哲学家罗索说过"凡是教师缺乏爱的地方，无论品格还是智慧都不能充分或自由地发展。"只有教师热爱学生、关心学生，才能使学生尊敬你、信任你、喜欢你所教的这门功课，乐意接受你所传授的知识，也只有全体教师热爱学生、关心学生，学生才能在学校感受家庭的温暖，愿意来学校上学。

有的教师上课，总是板着一副面孔，不能给学生平易近人的感觉，那么学生听起课来很容易疲倦，也容易对你失去兴趣。还有的教师动辄挖苦、怒骂、体罚学生，或把学生赶出教室，这样不仅会降低你的威信，而且会促使学生对你这门功课的反感。

教师不仅应该偏爱品学兼优的学生，而且更要关心中、后进生，这是取得良好教育效果的前提。人们常说："亲其师，信其道"。只有师生心心相印，"传道、授业、解惑"才能畅通无阻。在教学中，不难发现：凡是学生学得好或感兴趣的学科，都是由于该学科教师非常爱护自己的学生，而其学生也非常敬佩自己的老师，这种师生之间的互敬互爱使学生产生一种强大的动力。

如果教师对学生漠不关心，甚至训斥、处罚学生，就会使学生产生畏惧心理或不满情绪，产生消极的情感，从而对该教师及其所教学科产生厌恶之感，对学习抱着应付或放弃的态度，这样智商再高的学生也难以有学好的愿望。

磨砺坚强意志

学生应具备珍惜时间的品质，制定严格科学的学习计划，一如既往地坚持下去。我们今天的学生，意志不坚定，做事、读书等往往是前热后冷，虎头蛇尾，很难坚持到最后。因此，这方面的教育尤为重要。美国著名物理学家爱因斯坦曾这样说过，"人的差别在于业余时间的利用"。很多有成就的人，他们原来都并非很聪明，他们在智力上也并不占优势，而是能够充分科学的利用好业余时间来学习，他们也因此获得了巨大的成功。

就学习英语而言，作为学生，应利用课余时间识记适量的单词和其它知识点，分散记忆并能够持之以恒地走下去，它就能对智力的某些不足之处起补偿作用，也就是我们通常所说的"勤能补拙"。

实践证明，尽管学生的智力有高低之分，但如果他们有优异的非智力因素，无论是学习成绩好的学生，还是学习成绩差的学生，都会在原有的基础上使英语成绩有所提高，这也说明非智力因素是决定学生成绩好坏的重要因素之一。由此可见，在英语教学中，注重学生非智力因素的培养，在挖掘学生非智力因素方面下工夫，不断地激发学生的主观能动性，是提高英语学习质量的重要途径。

因此，要想树立学生良好的学习动机、激发学生学习英语的热情、形成良好的学习习惯、培养持久的学习意志、提高外语教学质量，教师首先要转变观念，重视并强化非智力因素对英语学习影响的意识，重视学生情感的释放和情绪的表达，以真诚、理解的态度对待学生，

帮助学生意识到学习英语的重要性，从而激起其学习英语的积极性，达到最佳的学习和教学效果。

4. 利用思想政治学科培养学生非智力因素

在过去应试教育的条件下，中学教育存在着重视智力因素的培养，而忽视非智力因素培养的倾向，中学生中广泛存在着厌学、散漫、自私、意志不坚定、缺乏进取心等问题。为深入贯彻《中共中央、国务院关于深化教育改革全面推进素质教育的决定》，加强对中学生非智力因素的培养。

非智力因素的内容和结构

（1）非智力因素的定义

人的心理结构是由智力因素和非智力因素共同构成的。智力因素是人脑功能的表现，包括注意力、观察力、记忆力、想象力和思维力等。智力因素直接渗入学生的学习过程，是一个人智慧高低的最重要表现。非智力因素则是指人在活动时除智力因素之外的一切心理过程的总和，它的内容很广泛，通常包括：

观念水平的价值意识：自信心、理想、信念、价值观、世界观

一般水平的价值意识：需要、动机、兴趣、情感、意志

意识的心理背景：心理状态、性格、气质

非智力因素虽然不直接介入学习过程，但能够引导和激发智力因素，推动学习过程顺利进行，提高学习效率。学习成绩相同的学生，智力不一定相同，原因在于低智力者可以通过增加学习时间和强化学习过程加以弥补。调查表明，智力因素和非智力因素二者协调配合，能使学习效率提高60‰左右。可见，非智力因素在挖掘人的智力中的

重要作用。

（2）非智力因素的意义

非智力因素培养是顺利实现政治学科教学目标和开展素质教育的有效途径。

不少实验表明，人类个体智商水平的差距不大，然而教育活动的结果就是学生的个体差异又是那么明显，其根本原因在于非智力因素。

当前，很多学校都注重了学生的全面发展，非智力因素的培养却仍未引起足够的重视，因而"全面培养"的某些任务得不到真正的落实，素质教育最终成为泡影。比如，在政治课上和政治活动中没有把非智力因素培养引入进去，没有诱导学生产生兴趣，形成动机，并以坚强的意志去实践，最终导致学生上课死气沉沉、昏昏欲睡，即使努力学习的学生也只能被动地去接受，不会取得好的学习成绩；即使平时学习成绩比较好的学生，一旦离开学校环境，一切就马上"失效"。

事实证明，在文化知识传授上，特别是政治课教学中离不开非智力因素的培养。很多学习成绩不好的学生未必是智商差的学生，而是因为非智力因素差异导致学习成绩低下；同样，身体素质与心理素质的培养离开了非智力因素的培养也无法实现。因此，非智力因素培养，是落实素质教育的有效途径。

培养非智力因素的方法

（1）注重运用情感手段培养学生的非智力因素

从情商和智商的关系上我们认识到，情感作为一种心理体验形式，具有丰富多彩的内容，起着一种价值取向的作用，虽是一个无法概念化的复杂的结构系统，但无论何种情感都反映了主体与客体的利害关系。情感的变化可以推动或抑制认识的发展过程，从而影响和制约认识发展的方向，它能够成为主体活动的催化剂，使主体与客体之间的

需要关系提高到一种自觉状态。政治教师要善于运用自己的情感来影响学生的情感，善于帮助有困难的学生，防止自暴自弃，要尊重学生情感，防止偏见、歧视和情绪对立。

（2）利用学生的兴趣培养学生的非智力因素

"兴趣是最好的老师"，浓厚的学习兴趣是学生学好政治课的关键，而教师照本宣科、学生死记硬背，不会有好的效果。

例如，教师在讲《经济常识》第三课"企业的信誉和形象"这一问题时，给学生举了海尔集团注意提高产品和服务的质量树立了良好的信誉和形象，从一个名不见经传的小企业一跃发展成为世界知名企业的例子。同时，又举了南京冠生园食品有限公司用陈馅做月饼欺骗顾客后被中央电视台曝光，该企业的信誉和形象一落千丈，最终，在激烈的市场竞争中破产。举完例子教师没有轻易下结论，而是引导学生思考和发言，学生踊跃发言，各抒己见，虽然有的观点有些偏颇，但毕竟是学生独立思考的结果。这样提高了学生的学习热情，取得很好的课堂效果。

（3）课堂上实行开放式教学，发挥学生主体作用

由学生上讲台发表自己的见解，允许学生有不同意见，并引导学生就热点、焦点问题展开辩论，最后由老师做出总结。

每堂课前5分钟由各小组轮流出一名同学发言，对社会热点做出评价。例如，伊拉克问题、南美洲国家的金融风暴、"神州四号"的发射与回收成功、党的十六大胜利召开等，都是学生感兴趣的话题。

指导学生阅读《半月谈》、《时事》、《中学生博览》、《中学生时事政治报》等报刊杂志，以拓宽学生视野。每晚7点组织学生收看中央电视台的《新闻联播》节目。学生每周写出一篇200—500字的小论文，并组织学生进行评比，对优秀小论文给予表彰奖励。

通过以上尝试，提高了学生的学习兴趣，学生学习热情高涨，许多学生从不喜欢政治课到主动参与课堂发言和辩论。

5. 利用语文学科培养学生非智力因素

人的学习活动有两大心理代写论文因素参与：一是智力因素，二是非智力因素，它们的关系是辩证的。智力因素是开发的问题，而非智力因素是培养的问题，具有很大的波动性。因此，语文教师要搞好语文教学，必须注重培养学生的非智力因素，激发情感动机，培养浓厚的学习兴趣，磨炼意志品质，从而调动学生学习的积极性。

在长期的教学实践中，我们不难发现，学习成绩的好坏与智商的高低并不是成正比的关系。智商高的孩子，学习成绩未必优秀，智商中等的孩子，学习成绩并不比前者差，有的还明显超过前者，这是因为非智力因素在学习中也起重要作用。因此，我们教育工作者在教学中要培养学生的非智力因素。

必须重视和培养非智力因素

人的学习活动有两大心理因素参与：一是智力因素，一是非智力因素。智力因素是关于认识过程本身所要求的，如感觉、知觉、记忆、想象与思维等，它都直接参与认识过程，在学习过程中承担对知识的加工处理，表现为学习能力；非智力因素，它都不直接参与认识过程，在学习中起调节、维持、推动的作用，表现为学习态度，是关于学习积极性方面的因素，如动机、情感、意志与习惯等，这些都是调动学习积极性的因素。智力因素与非智力因素之间的关系是辩证的，它们既相互联系，又相互制约，并且共同发展。

培养非智力因素的有效措施

（1）激发学习动机，使学生"想学"

动机是学生学习的主观能源。动机是直接推动一个人进行活动的内部动原或动力。动机是一种学习的需要，这种需要是社会和教育对学生学习的客观要求在学生头脑里的反映，它表现为兴趣、情感、意向、意图、信念等形式，对学生的学习起着推动作用。学生不想学习，不爱学习，学习活动难以进行下去，常常是缺乏学习动机。"知之者不如好之者，好之者不如乐之者"，所以，教师要不断给学生输送动力，调动学习的情感；运用对学科的兴趣，培养和激发他们的学习动机。在学习动机中，最现实、最活跃的成分是认识兴趣，也叫求知欲。能够激发学生的求知欲，学习也就有了动力。调动学生求知欲的方法很多。

（2）培养意志力，使学生"勤学"

意志是为达到一定目的而自觉行动、克服困难的心理过程。坚强的意志主要表现：

在困难面前坚持不懈、锲而不舍。

处事果断，当客观情况需要立即作出决定时，他会毫不犹豫、及时采取断然措施；当客观情况发生变化时，他又会当机立断，根据变化的情况采取相应的措施。

善于自制，在胜利或成功时，不骄傲、不自满；在遇到挫折和失败时，不动摇、不气馁，能以更大的毅力去克服困难。

教学中，学生在一定的学习任务面前，经常产生畏难情绪，或者对学习的疑难问题缺乏钻研精神，或者觉得上课时间长坐不住，希望早点下课而神不守舍，这些都是意志薄弱的表现。

（3）培养学生与困难作斗争的品德

①对学生进行科学观教育 教学中应该注意培养学生树立理想和正确的世界观和人生观，只有具备科学世界观的人，才能为伟大的目的而表现出坚强的意志。语文课本中有许多教育学生树立正确的世界观

和人生观的好素材，教师应充分运用好这些素材对学生进行正面教育，使他们意志坚强起来。

②给学生提供克服困难的机会。困难对培养学生的意志来说，好比是"磨刀石"，当学生通过一定的努力，克服了困难，并实现了一定的目的时，意志力就会得到发展。在学生学习遇到困难时，教师要热情地鼓励他们，想办法帮助他们渡过难关。对于难度较大的作业，教师可采用"化整为零"的方法，如背诵较长的古文，可以把课文分割成几段，要求学生在指定的时间内背完指定的段落。

③坚强意志品质的自我培养，要求学生不断检查自己的意志品质，养成自我评价的习惯，这有利于意志力的培养。

坚强的意志是行动的强大推动力，学生一旦有了学好语文的坚强意志，他为了学好语文就能主动地去记忆生字词、背课文、学写作等；同时，意志又能促使其克制一些不利于学习语文的行为举止，或放弃某些阻碍其学习的活动（如迷恋下棋、打牌、玩游戏机等），因此，培养学生的意志力，是语文教学的重要任务之一，是培养学生非智力因素的又一重要方面。

（4）养成良好习惯，使学生会"自学"

《语文课程标准》指出："语文课程应致力于学生语文素养的形成和发展，语文素养是学生学好其他课程的基础，也是学生全面发展和终身发展的基础。"因此语文教学要让学生"养成学习语文的良好习惯"，这种习惯一旦养成，他们就能"自能读书，不待老师教；自能作文，不待老师改"，从而达到"教是为了不需要教"的目的。

①使用工具书的习惯，学生在阅读和写作时常常会遇到一些自己不认识或难以理解的字、词，会影响学生对文章的正确理解，成为阅读障碍，或写作上的拦路虎。许多学生遇到困难时，要么跳过去不理睬，结果是囫囵吞枣；要么向别人求助，养成一种依赖心理，不利于

学生独立人格的发展。因此读书要养成勤查工具书的习惯，让工具书成为学生的良师益友。

②质疑问难的习惯，古人云："学贵有疑，小疑则小进，大疑则大进。"说的就是质疑问难的重要性。爱因斯坦说过，提出一个问题比解决一个问题更重要。创造的过程更是从发现疑点问题开始，没有疑点问题就谈不上创造。古人把学习称之为做"学问"，强调了学习必须一边学，一边问，要学好语文，就必须养成质疑问难的习惯。凡是不懂的，有疑惑的、把握不准的，都应当勇于向别人请教，问老师，问同学，问家长，问一切可能了解情况的人。

③勤于朗读背诵的习惯，朗读背诵是我国传统的语文学习的重要方法，是积累语言、培养语感的重要途径，有助于发展学生的记忆力，规范学生的口头语言，提高学生的表达能力。

④读书看报的习惯，在信息化时代，阅读将是人们搜集、处理信息最重要的方式之一，会不会阅读将决定一个人向社会获取智慧的能力。要学好语文，光读几册教材是远远不够的。因此，要增加学生的知识，提高学生的语文素养，必须重视课外阅读，必须大量地阅读课外书籍，从书中获取丰富的精神养料。

《语文课程标准》也明确规定，九年课外阅读总量应在 400 万字以上。我们要不断推选、推荐各种适合学生阅读的书刊，引导学生认真阅读，养成广泛的阅读兴趣，激励每个学生都养成课外阅读的习惯；同时要加强阅读方法的指导，教给学生精读、略读、浏览等方法。

综上所述，在语文教学中，我们必须注重培养学生的非智力因素。只有这样，才能调动学生学习的积极性。

6. 利用数学学科培养学生非智力因素

随着新一轮课程改革的逐步展开，数学教育发生了很大的变化，在教材中，创设了一系列与生活相关的问题，让学生身临其境地解决一个个具体的生活问题，已经成为新一轮数学课程改革一道亮丽的风景。尽管是这样，在数学教学中也还应该注重学生非智力因素的培养。

所谓非智力因素，即非认识性的心理因素，如学习动机（间接兴趣、学习目的）、学习态度、学习意志等。

学生的学习效率，不仅受学生本人的知识能力和智力水平的制约，同时也受学生本人的非智力因素的制约。一位智力水平较高的学生，如果学习目的不明确，态度不端正（自制能力差），那么他的学习效率就不会高。一位智力水平一般的学生，如果他的学习目的明确、学习积极性高，那么，他的智力也会相应得到开发，学习效率也会逐渐提高。

因此，智力因素的培养可促进非智力因素的提高，而非智力因素反过来作用于智力因素。如果放弃非智力因素的培养说提高学生的智力因素，那的确是一句空话。学生非智力因素的培养必须在一个最佳的教学过程中来完成。

非智力因素在自学课中的培养

（1）要有一份好的自学提纲

也就是说，所编写的自学提纲要有启发性、新颖性和难易程度的适宜性。

自学提纲的启发性，就是要提出具体问题让学生去思考，使之运用自己已有知识和解题技能去考虑或解决新问题。启发得当，对于培

养学生的自学能力和创造才能，培养学生的思维能力有着重要意义。

自学提纲的新颖性，就是不能把每一个问题都用一个模式出题，而要别出心裁地设计题目，给学生以耳目一新的感觉。例如：在学习函数的解析式时，第一种出题方式——问答式：正比例函数的解析式是什么？反比例函数的解析式是什么？幂函数的解析式是什么？第二种出题方式——填空式：当 m 满足_____时，函数 y =（m－3）xm－4 是正比例函数，反比例函数，幂函数？以上两种出题方式，在培养学生的非智力因素这个方面，第二种较好，因为学生可以对所学的知识，用具体的感知来增强自己的自学兴趣。

自学提纲难易程度的适宜性，不同学生有不同的学情，自学提纲的难易程度也应有所不同。如果对自己学生的学情不了解，出题要么过难，要么过易，这样都会影响学生非智力因素的培养。因此所编写的自学提纲要适合自己学生的学情，使学生既需要顽强努力，又力所能及。

（2）重视中差生的非智力因素

具体做法是：

低起点，高要求。

依靠微观指导，对差生的知识填缺补漏，克服知识上的障碍。

教师主动耐心地帮助他们克服困难，多和他们在一起研讨问题，在课堂上多给他们创造发言的机会。

对他们取得的成绩及时表扬、鼓励，使他们树立起克服困难的必胜信念，使他们与教师产生感情，对教师所教学科产生强烈的兴趣。

非智力因素在启发课中的培养

启发课怎样上才能有利于学生非智力因素的培养呢？启发课是教师点拨、提示、归纳学生加深理解获得知识的一个重要课型。教师一定注意不要犯"串课文、烫剩饭"的老毛病，否则势必会影响学生非智力因素的培养，教师在处理例题时，应将例题的讲解方式适当变换一下，也就是说在学生自学的基础上对例题不要照本宣科一字不改地讲，而要间接地去讲，多提出与所讲知识有关的问题，让学生思考，拓宽学生的思路。这样在培养学生非智力因素这方面，效果就有明显增强。

创设探讨性问题，激发学生学习的兴趣。因为好奇心和求知欲是每个学生都具有的心理特征，所以教师从这个心理角度出发，创设探讨性问题来激发学生的学习兴趣。例如：在讲解立体几何时，学生对几何体有了认识之后，提出这样的问题让他们去探讨：正三棱锥的外接球的半径和内切球的半径与它的棱长的关系怎样？正方体呢？长方体呢？

探讨一题多解，培养学生的学习兴趣，学生的运算能力、空间想象能力、逻辑推理能力的提高，可使他们学习兴趣得到培养，而解题方法的研究则是培养这些能力的重要手段。因此，教师在启发学生获得知识的过程中，要立足在探讨一题多解的方法上狠下工夫。

非智力因素在复习课、作业课中的培养

在复习课中，教师应通过一些活动使全班同学都行动起来，活跃课堂气氛，激发学生的学习兴趣，增强学生的责任感。具体做法是：可让学生根据本节所学知识自编题目，然后同桌相互交流自己所编的题目及解法。

我们教师都有这样一个感觉：学生在考试中做题的积极性特别高，我认为这种积极性除学生希望得到高分因素外还有一种因素，也就是出题的新颖性。因此，教师在进行作业课时，务必抓住这两个因素。那么如何抓住这两个因素呢？

第一，独立作业在特殊情况下不要受时间限制，应延长时间让他们尽力的思考，因为在这个时间内，学生的非智力因素特别强，是开发智力的最佳时间。反之，会影响学生非智力因素的培养。

第二，教师在布置作业时，要改变过去那种只在课本上找几道题让学生做做的办法，可根据单元内容及大纲要求编一份包含填空、判断、选择等形式的能激发学生兴趣的作业题。

非智力因素在改错课、小结课中的培养

在改错课中，很多教师都有自己的成功经验。如何通过这个课型来提高学生改错的积极性呢？学生做完作业后，迫切希望知道自己的对错情况。根据学生这一心理特征，按照下面程序进行改错有利于学生非智力因素的培养。同桌互改——前后桌互改——个别宣讲答案、教师强化、学生互改——自查存在错误原因并纠正。通过同桌互改，对答案不统一的题目经争论仍得不到统一，可扩大讨论范围（前后桌互改）继续研究。这种做法目的是：激化"矛盾"，提高兴趣。

作单元小结可对学过的知识加深理解、强化记忆，可提高学生独立获得知识的能力，还可帮助学生形成良好的智能结构。

（1）激发学生小结的兴趣

首先教师应对学生进行思想教育，使他们认识到小结的重要性。

其次，教师要指导学生小结，教师绝不可代替学生小结。否则，学生在小结课中非智力因素就得不到培养。

（2）指导学生小结的方法

①个别小结，教师讲评 为了调动学生小结的积极性，教师在讲评学生小结时，首先肯定优点，然后指出不足之处。

②树立典型，分片指导

③交换小结，补已之短。

正所谓"考场上的成功不仅仅因为你学习了多少，也因为你把你的其他东西发挥了多少。"非智力因素包括的内容很多，培养非智力因素的方法措施也是取之不尽的。这还有待于我们一线教师在今后的教学实践中，不断地去探求、运用、总结，以取得更多的技巧和经验，充分发挥学生潜在的极大的非智力方面的能力，促进教学水平的全面提高，同时让学生在充满兴趣、充满自信、充满成就感的氛围中学习数学，并取得理想的结果。

7. 利用物理学科培养学生非智力因素

培养学生非智力因素是当前学校素质教育中的一项重要内容。中学生可塑性强，他们的智力因素在中学阶段迅速发展，而非智力因素也逐渐在这一时期形成，并趋于稳定。因此，加强非智力因素的培养，对于造就德、智、体、美、劳全面发展的高素质人才有着重要的意义。

重视情感教育，培养优秀品质

学生不管是先天智力遗传还是后天智力的培养，或者是潜力的开发，其关键在于人品的培养。做一个有理想、有道德、有文化、有纪律的中学生是我们培养学生良好品质的着手点。而当前学生中心理压力过重，焦虑、依赖、畏惧、厌学等心理问题比较严重，因此，必须针对这些情况开展心理指导，如个别谈心、帮助学生建立"帮教对子"等，特别是对一些物理成绩差，有厌学情绪的学生，不挖苦、不歧视，帮助他提高知识，克服"天生笨"、"我不是学物理的料"等思想，使他们懂得"人无完人"、"天生我才必有用"。而对一些表现不好的后进生切忌"冷酷无情"、"消极刺激"，力求达到"良药不苦口，忠言不逆耳"之效。用自己的真情关心、爱护他们，使他们真正感受到教师真诚的爱，逐步唤起他们勤奋学习物理、追求进步的信心。

挖掘教材内容，渗透思想教育

理想是学习的动力，也是学生非智力因素的一个重要方面，有意识、有目的、有计划地利用课堂教学对学生进行思想教育，使学生明确学习目的，树立远大理想，为进一步培养学生的非智力因素打下坚实的思想基础。如利用阅读教材和学生所学的知识向学生介绍所学内容的发展简史，物理发展史往往伴随着一则则动人的故事，无疑会引起同学们探索和联想的心理效应。同时结合介绍古今中外物理家研究物理的伟大成就，不但能激发学生的爱国热情，而且能够培养学生为祖国强盛而发奋学习的动机，从而使学生树立远大理想。

在物理的入门教学中，引导学生认识物理学从现实生活中来，又应用于现实生活，从而使学生明确学好物理是今后生活、工作和进一步学习的基础。并且利用物理知识解决实际问题，激发学生认真学好物理知识，掌握解决实际问题的本领，为社会主义建设服务。

挖掘物理美，激发学生学习兴趣

"兴趣是最好的教师"，心理学家指出，人们对美的各种形式的感受；能使大脑进入兴奋状态，从而产生愉快的体验。因此，美感的东西最容易被人们接受，而且很难忘记。在物理教学中充分利用物理图形的动态美，物理结构的对称美，数理变换的图像美，应用物理的生活美等，给学生学习物理的一种美的享受，从而激发学生学习物理的兴趣。

培养学习意志，增强克服困难勇气

培养学生顽强的学习意志，帮助学生提高克服困难的勇气，不但能够造就学生良好的学习品质，而且能够进一步发挥学生的非智力因素。教学中，教师要用一些科学家克服困难为人类科学事业作出重大贡献的故事来激发学生，用他们身上具有的高贵品质、坚强的意志来教育学生，从而达到培养学生坚强学习意志的目的。如科学家诺贝尔把自己的一生精力献给人类的科学事业，为人类创造巨大财富。数学家陈景润凭着自己超人的意志，为攻克"哥德巴赫猜想"几十年如一日，在枯燥的计算、论证中寻找欢乐，探索真理。著名数学大师华罗庚，凭靠自己的毅力，在贫困的生活、学习环境中，勇于探索、最终登上数学的高峰。

指导学习方法，培养良好的学习习惯

良好的学习习惯能提高学习效率。所以在教学中要通过指导学生良好的学习方法来培养学生学习物理的良好习惯，主要的做法是：

（1）指导学生自主地预习

"教师是主导，学生是主体"，正确指导学生预习，使他们由"去预习"变为"会预习"。针对物理学科的特点，着重指导学生加强对物理语言的翻译、数理转变能力的训练。尤其是重视指导学生带着问题去预习。如主要知识点是什么，是怎样得到的，有什么应用，应用时应注意什么？这样既可以提高预习效果，又可以培养学生的自学能力。

（2）指导学生怎样去听课

物理教学中教师应首先从讲课语言的生动有趣来激发学生的听课兴趣入手，让学生集中精力听教师对每堂课提出的要求，对公式、定律、定理的引入和推理过程，对解题思路的分析过程，对解题中关键问题的处理方法，对疑难问题的解释和课后小结。让学生顺着知识的"延伸"来听课，这样能大大提高听课效率。

（3）指导学生有重点地去复习巩固

指导学生在复习中用发展的观点来研究知识的来龙去脉、结构关系，并归纳要点，掌握关键，吸取精华，形成知识体系，养成巩固学

习知识的习惯并在理解的基础上去记忆，给学生传授记忆方法如类比联想记忆、编成顺口溜记忆、借助图形、表格记忆等。

（4）指导学生学会独立思考

用教师的思维方式来启发学生的思维，举一反三，扩展学生的思维，使学生学会联想，引导学生对问题进行观察、比较、分析、推理、综合。同时要求学生多提"为什么"，培养学生严谨的学风。

开辟第二课堂，建立学习小组

每周定期组织有关学生参加第二课堂活动，通过开展专题讲座，如：实际应用、问题探讨、一题多解、多题一解、一题多变等，物理兴趣活动、竞赛，进一步激发学生的学习积极性。通过建立"结对子"学习小组，发动优生帮助学习困难的学生，让他们共同提高。

非智力因素包含的内容很多，培养非智力因素的方法也很多，只要我们在今后的教学中，勇于探索，不断改进，肯定会取得较好的效果。

8. 利用化学学科培养学生非智力因素

许多例子都说明：一个人的学业成就大小，其智力因素固然起着主要作用，但其它的心理品质也不容忽视，尤其在智力相当的情况下，非智力因素将一跃成为主要的因素。因此，在强调开发学生智力的同时，应注重对非智力因素的培养。

非智力因素包含的主要内容

非智力因素，又称非智力品质、非认知因素等等。什么是"非智力因素"，近年来争议颇多，但有四点可以肯定：

（1）非智力因素是一个较复杂的综合性概念，是相对于智力因素而言的。

（2）非智力因素是指除了智力与能力之外同智力活动效益有关的一切心理因素，指的是智力活动中的非智力因素或认知活动中的非认知因素。

（3）为使非智力因素的研究更具实践指导意义，可以侧重从动机、兴趣、情感、意志、性格等方面讨论，这并不割裂非智力因素的整体性。

（4）非智力因素是一个中性的心理学概念，说明一种心理现象，它包含着水平、等级和品质的差异。这里所说"培养非智力因素"指的是往提高、发展和矫正的方向变化。

在教学过程中，人的心理活动系统可以看成由智力因素和非智力因素这两个协同作用的子系统构成。前者以感觉—思维—创造等认知过程为主，在学习中负责对各种知识进行加工和处理，具有操作性，因而可称为学习的操作系统；后者以兴趣—情感—意志等意向活动为主，在人的学习和创造过程中往往以动机为核心，调节着认知过程的正常进行，其作用是动力性的，因而也称学习的动力系统。这两个子系统共同作用，相互促进，互相制约，缺一不可。非智力因素只有与智力因素融为一体时才能发挥它在智力活动中的作用。

非智力因素的主要作用

（1）动力和定向作用

良好的非智力因素能促使学生积极感知，有目的地观察并展开思维和想象，在艰苦紧张的学习中保持较高的情绪，对教学内容怀有浓厚兴趣，不受外界干扰，坚定目标，专注于学习和研究。

（2）引导和强化作用

欲达到既定的学习目标，除教师积极创设各种教学情境外，还需要学生内部动机的配合，始终如一地积极投入学习，驱使学生的智力活动朝着预定目标发展。一旦学习过程中遇到各种障碍，主观上可能产生退却的念头时，非智力因素将使之振奋精神，坚定意志，正确地对待困难和受挫，扬长避短，最终克服困难，达到既定目标。

（3）制和调节作用

通过学习过程中获得的反馈信息，学生不断调节自己的情感和意志，发展某一方面的兴趣，提出新的需求，选择最佳的学习方法，合理安排学习时间，调整学习进程等等，都与非智力因素的调控作用有关。

（4）激发和感染作用

学生强烈的成就动机、浓厚的兴趣、热烈的情感、坚强的意志和坚定的信念，形成了"非智力心理优势"，使智力上的某些欠缺得到一定程度的弥补，使智力的发展如虎添翼达到更高的水平。由于相信自己通过努力可以学好化学，从而产生有利于学好化学的心境，赋予学习以生气和活力，在愉快的气氛中完成学习任务。

培养非智力因素的基本策略

非智力因素的培养需要教师根据学生的年龄、心理特征、思维特征和教学内容等去把握最优的培养策略。

（1）唤起学生的学习动机，并使之持久化

动机是指一个人为实现自己的理想目标而萌发的一种内在的推动力量，它促使学生将自己的行为指向学习。自我提高的内驱力是学生因自己的胜任能力或工作能力而赢得相应地位的需要，不直接指向学习任务本身，是学习成功的一种良好的心态和上进心。附属内驱力指的是学生为保持师长对自己的赞许或认可而表现出来的把工作做好的一种需要。在学习化学之前，有些动机是潜在的，但更多的是随着化学课的开设并不断地获取学习成功才日益增长的。教师必须保持和利用学生初学化学时那种朦胧的、不明确的好奇心，逐步诱导他们形成定向。

初中生学习化学的动机中，最强烈的是认知动机，其次是崇高理想动机，他们一方面对学习化学怀有浓厚的认知兴趣，具有强烈的求知欲，另一方面也认识到化学在社会主义建设中的重要作用。这些构成了他们学习化学知识的强烈的、持久的动机。抽样分析还表明，好、中、差三类学生中，唯有认知动机表现出极显著的差异，是造成学生化学学习效果差异的主要原因。我们必须充分利用化学学科的特征和化学对人类的贡献，去唤起和稳定学生的认知动机，同时也适当地利用一些外部手段，使学生在适度的压力下增强学习动机。

①讲好"绪言"，诱发学生对化学学科的向往 "绪言"是初中生学习化学的入门指导，少年学生怀着对自然世界的好奇心，带着许多疑惑走进化学课堂，他们渴望了解化学，但可能又害怕化学。此时，教师必须一一回答他们关心的问题：化学究竟是研究什么的？为什么要学习化学？怎样才能学好化学？接触化学实验对身体是否有害？等等。既要通过镁带燃烧的耀眼白光、绿色碱式碳酸铜粉末加热后产生的各种现象吸引学生去注意，以展示化学世界的复杂性，激发他们乐于探求的愿望，又要结合学生所熟悉的日常生活现象，说明化学与人类生活的密切关系；还要告诉学生，化学变化错综复杂，但有规可循，每一个同学都能学好化学。

总之，要用生动的素材和富于诱惑力的实验来营造一个良好的开端，激起学生学好化学的积极愿望。

②教给学生科学的学习方法，强化学习动机 实践表明，学生经常获得成功的情绪体验，能增加学习的积极性和主动性，因而教师不仅要善于传授知识，更重要的是必须思考如何教会学生"会学"的具体方法。学生一旦从教师的教学中领悟到科学的、富有成效的学习化学的方法和思路，从而表现出化学学习的有计划性、目的性、定向性、

持久性和独立性，科学的学习方法就会对学习动机起强化作用。

学习方法是个包容较广的概念，既指阅读、理解、质疑、解疑、记笔记、做实验等环节的表现形式，又含整体分析、局部突破、反例否定、图表导引、信息类比、等效转换、构建模型、逆推回索、化隐为显、枚举推断、情境思维等研究化学问题解决的具体策略，还包括学生优选化学学习方法和进行自我评价的过程。学生以科学方法为工具，使化学知识的学习收到事半功倍的效果，使复杂的化学问题迎刃而解，会从中不断获得乐趣。同时，根据学习效果有意识的调整、优选适合自身思维特点和不同学习内容的科学学习方法，反过来又促进学习水平的提高。动机也随之得到强化。

③适当利用测验和竞赛等手段，激励学习动机 教育心理学实验证明，适当的测验和竞赛可以驱使学生努力克服困难，积极向上，最终获得优异成绩。对初中生而言，刚接触新课的学习，外部的刺激往往作用更大。老师、同学、家长对测验结果的肯定、仰慕或表扬，都会成为强烈的学习推动力。有经验的化学教师常常对学生更多地给予表扬和肯定。

当然，书面的测验或竞赛不能频繁使用，否则将使他们产生紧张的心理负担，久而久之便失去学习信心。多给表扬不意味着否定必要的批评，教师应学会在信任中寄予期望，在肯定中表示惋惜，这样既不伤害学生的自尊心，又能督促学生产生下决心学好化学的理智感。将测验、竞赛、提问等手段与教师的期望结合在一起，使学生明确努力的目标，树立奋发向上和积极进取的信念，能够稳定学生的学习动机。

（2）创设激趣的课堂教学，培养浓厚兴趣

兴趣是人们积极认识某种事物或关心某种活动的心理倾向，具有内在的趋向性和选择性。兴趣可以直接转化为内在动机，成为推动、引导、维持和调节人们进行活动的一种内在力量。化学教师要扬长避短，发挥自身的教学优势以弥补学科体系的某些不足，有意创设激趣的教学情境，诱发他们爱学、乐学的愿望，并使之转化为学会、学好的具体行为。

①言语激趣，要对错综复杂的化学现象进行辨别、分类和解释，必须借助于一系列概念、原理、公式和模型，运用精确的、肯定的、果断的、扼要的、逻辑的语言来表达。但是，过分的"术语化"和"理性化"往往使语言失去教学性，难以引导学生的思维活动正常展开。

因此，用深入浅出、通俗易懂、轻松活泼、妙趣横生、有"形"有情的语言揭示较为深奥的科学道理，能增强教学的吸引力和感染力。言语激趣不仅能调节学生的情绪和课堂气氛，陶冶情操，而且有助于学生理解教学内容。

例如，讲到二氧化碳的物理性质时，教材上是这样描述的："在加压和降温冷却的情况下，二氧化碳会变成无色液体，甚至变成雪状的固体，通常把固体二氧化碳叫做'干冰'。说法虽然严谨，但显得呆板，无法使学生产生兴趣。

如用符合事实的生动语言去表述，则是另一番情趣了："二氧化碳加压冷却可以变成雪花状的固体，它像冰一样可以做制冷剂，但比冰要好得多：冷却时没有水残留，加热时全变成气体，干干净净，故称'干冰'。电影里和舞台上孙悟空腾云驾雾的镜头，七仙女在云中袅娜多姿的幻影，你们知道是怎么一回事吗？原来，这都是干冰吸热升华造成的。"生动、诙谐的语言，既结合学生熟知的生活实际，又隐含着丰富的化学知识，极易使学生在情趣横生的气氛中顿悟到问题的关键。

②悬念激趣，通过悬而未决的问题情境使学生产生对问题解决的

关切心情，从而刺激学生的求知欲望。悬念维持的时间长短不同，但都要求有始有终，充分体现其"引新"和"启下"的作用。例如，在讲"氮气与某些金属反应"时提问："2.4克镁在纯氧中燃烧生成氧化镁增重1.6克，而2.4克镁在空气中燃烧增重却小于1.6克。试问，原因何在？"镁条燃烧生成氧化镁是学生熟知的事实，现从数字中推出矛盾，使学生形成悬念，为顺利引出和理解新反应 $3Mg + N_2 = Mg_3N_2$ 奠定了很好的基础。

再如，在学习浓硫酸氧化性时，教师发问："大家都知道，铜片放入稀硫酸中不起反应，但加热稀硫酸较长时间后再加入铜片，却有反应现象产生。这是为什么？"学生用已有知识无法解释形成悬念，从而激起探求的欲望，对新的课题内容更感兴趣。他们寄希望于教师的讲解和演示实验，全神贯注，当观察到浓硫酸加热条件下能溶解铜片并放出二氧化硫气体时，他们终于明白浓硫酸与稀硫酸在化学性质上有质的不同。释悬，不仅使学生加深了对"浓硫酸强氧化性"的认识，更重要的是从中感受到学习化学的乐趣。

③实验激趣 化学实验以其生动、直观、鲜明的特点，极易诱发学生的学习兴趣。但是，不少学生往往停留在由实验现象本身引起的感知兴趣上，教师在保护这种兴趣的同时，应将学生看热闹的好奇心理和强烈的期待愿望逐步引导到规范操作和重点观察的目标上，捕捉反映本质属性的特征现象，结合现象启迪学生科学思维，引导学生理解化学概念，掌握化学规律。

例如，演示氯化氢溶解性实验时，要求学生将注意力指向烧瓶。当滴管挤出少量水进入烧瓶时，美丽的红色"喷泉"即刻形成，学生欢呼雀跃，情绪高涨，教师不失时机设问："红色的'喷泉'是什么？""它是怎样形成的？""将氯化氢换成氯气，行不行？""产生'喷泉'有哪些条件？"等等，将学生的思维推向深入。除精心设计演

示实验激趣外，结合教学内容补充一些趣味性实验，并鼓励学生参与设计和动手操作，能收到更好的效果。

（3）通过多种教学途径，发挥情感因素的作用

情感是人们对客观事物的态度体验，具有波动性和感染性。在教学中，教师将情感传给学生，引起学生的情感共鸣，产生感染作用和激励作用，溶情于学习之中。同样，学生良好的情感反馈于教师，教师受到感染，又作用于教，从而形成师生情谊交融的境界。在这种场合，任何因教学引起的心理疲劳和厌倦情绪均不存在，学是一种享受，教同样是一种享受。

事实上，教学过程始终都贯穿着学生的情感活动，爱祖国、爱集体的情感，事业心、求知欲、自信、惊奇、怀疑、美感等积极的情感，能在教师的培植下转化为学习的推动力。相反，厌倦学习、对班级集体和任课教师冷漠、对教学内容没有兴趣、害怕化学实验等消极情感，极易削弱学生的进取心。在化学教学中，必须将情感的培养纳入教学系统，通过各种途径发挥情感的积极作用。

①在教学内容中"植入"情感因素 与文史科不同，化学科教材本身蕴含的情感因素不多，需要教师精心设计，赋予教学内容情感色彩，从而诱发学生对教学内容的积极情感，内心产生强烈的反响、同情、激励、喜悦、惊奇等。由于个人深刻的内心感受，使得所注意的化学现象和记忆、理解的化学知识在这种状态下变得丰富，学习的效率更高。

例如，当涉及质量守恒定律、元素周期表等凝聚着前人智慧的知识结晶时，介绍科学家执着追求真理，在困难面前百折不挠的精神和爱祖国、爱人民的高尚情感，从而使学生产生敬佩感，起到良好的激励效果。

又如，在卤素一节中介绍氟的性质时，用充满情感的语调向学生

展示元素发现史的一幅悲壮画卷："氟的制取是化学元素史上持续时间最久、参加的化学家人数最多、危险性最大的一次历程，前后经历了七十年，不少化学家为之损害了健康，有的甚至献出了自己的生命。直至 19 世纪 80 年代，化学家用尽了化学方法、电解方法，仍未成功。不是实验时经常爆炸，就是电极材料腐蚀严重，多年的心血付诸东流，很多人退却了。然而，自学成才的法国青年莫瓦桑面对前人留下的难题，暗暗下决心要攻克这一难关。历经多年艰辛，他终于用低温电解法收集到化学家梦寐以求的氟气。二十年后，他为此荣获诺贝尔化学奖。令世人遗憾的是，获奖的第二年，莫瓦桑病逝，终年 55 岁。在去世前，这位从不关心自己健康的科学家不得不承认："氟夺走了我十年的生命！"

上述悲壮的史实，既能强化对氟的异常化学活性的认识，又能深深地打动学生的心，影响他们的非智力因素。再如，讲到石灰石的性质时，将石灰石的一系列化学变化与明代爱国将领于谦的《石灰吟》融为一体，教师动情地背诵这首古诗，让学生根据诗句写出化学反应方程式，同时穿插介绍各地溶洞的秀丽景色，能使学生在学习化学知识的过程中受到生动的爱国主义情感教育。

总之，教师有意识地"植入"情感因素，并通过课堂教学恰到好处地表现出来，经过无数次熏陶，能使学生逐步形成爱祖国、爱科学、敬佩科学家、充满幻想、热爱学习的积极情感。

②在课堂教学中建立和谐融洽的师生关系 良好的师生关系，是维系师生情感的重要纽带，也是教师寓情于教的重要前提。教师和颜悦色，期待信任，亲昵适度，讲解有力，使学生从中获取喜悦、亲切、激动、自信等情感体验。在这种场合，学生不仅自觉地用耳朵去聆听教师的讲解，而且带着欢快，用整个心灵去接受教师的影响。师生情感交互感染，由共鸣而激起的情感"合力"，冲击着学生的心田，成

为催人向上的巨大精神力量。有人说："学生喜爱某一学科，还不如说更喜欢这一科的教师"，这正是师生关系价值的生动体现。在现实教学中，也常常看到这样的现象：对同一学科、同一班级，因不同教师执教，学生的学习情感会发生显著的变化。教师的教学水平和人格力量的综合影响，是值得重视的。

③在揭示化学美的过程中培养学生美感　璀璨夺目的金刚石，晶莹剔透的食盐立方体，黑色的磷铁矿和红棕色的赤铁矿，奇特的钟乳石和石笋等等，能使学生感受到自然界争奇斗艳的物质形态美，并促发他们产生探求化学知识的积极情感。CH_4 分子的正四面体结构，金刚石的空间网状结构，食盐晶体中阴阳离子交替排列，石墨结构中整齐迭合的"鳞片"等等，则使学生感受到物质微观结构的有序对称、简洁、多样、复杂和奇妙。

用简单的化学用语来描述复杂的化学现象和工艺过程，在简洁中蕴含着丰富的化学内涵。缜密的化学原理更闪烁着被人类利用的美好前景。元素周期律以及原子最外电子层结构跟元素性质的关系生动地说明着量变质变规律；分解与化合、氧化与还原、化学平衡的建立和移动，水溶液中的离子积关系等等，则体现着对立统一的哲理，体现了化学内在美的独特魅力。

此外，实验装置美观，实验仪器整洁，布局比例恰当，连接顺序合理，教师操作娴熟规范，面部表情自信从容，构成一幅融科学于其中的艺术造型，会使学生从中获得美感，滋生出一股驾驭自然的内在力量。

（4）引导学生克服困难，养成良好的意志品质

意志是意识的能动性的集中表现，它具有目的性和调控性，能催人奋进，努力克服来自主、客观两方面的障碍去实现既定目标。

实践表明，由于意志品质的差异，有的学生刻苦勤奋，面对困难

时锲而不舍；有的学生则懒于钻研，学习消沉，态度不端正。这就要求教师有意设置教学"坡度"，使学生的学习过程成为克服困难的过程，既提高学生的思维水平，同时又磨练他们的意志。

所谓"坡度"，是针对学生的基础而言的，指的是必须通过努力方能达成的目标，亦称"最近发展区"，即要求学生掌握的内容有一定的超前性和难度。意志培养要因人而异，重在引导。对智力水平较高、学习能力较强的学生，应着重使他们在复杂的化学问题解决过程中磨练意志，提高耐挫能力，进行创造性思维，自觉地向提高化学学习的"精度"、"深度"和"新颖性"方向发展；对学习成绩较差的学生，应耐心引导，使他们逐步掌握科学的学习方法，克服知识和心理两方面的障碍，尝到成功甜头，并且持之以恒，养成坚韧不拔的意志和细心、稳定的心理品质。要注意帮助学生作好学习的心理准备，防止加重学生心理负担，抑制化学学习兴趣，削弱学习意志。

在化学教学中，非智力因素的表现是多方面的，它们对学生智力发展和化学学业成绩的影响不可低估。培养非智力因素是当务之急。作为教师，应把握时机，在处理好智力因素与非智力因素的整体关系的同时，根据不同学生非智力因素发展的特点，有针对性地"因材施教"，使全体学生既获得扎实的知识和技能，又在非智力因素的各个方面都得到良好的发展。值得一提的是，培养非智力因素的首要工作莫过于将学生从当前的"智力紧张状态"下解脱出来。

9. 利用历史学科培养学生非智力因素

长期教学实践证明，我们的教学活动，仅仅依靠学生的智力因素是远远不够的，为了持续地提高学生学习的绩效，我们的教学还必须依赖于学生高度的注意力、浓厚的兴趣、正确的动机、昂扬的激情、克服学习障碍的毅力等非智力因素。列宁曾说："没有人的感情，就从来没有也不可能有人对真理的追求。"其实，学生学习成绩的差别主要不在于智力高低的差异，而在于知识基础、学习能力及兴趣、爱好、意志和毅力等的差异，即认知基础和非智力因素的差异。因此我们在教学中注重智力因素的同时，还更应注重非智力因素的开发，如何在初中历史教学中培养学生的非智力因素？

引导学生树立正确的学习动机

有什么样的需要，就会有什么样的动机。学习动机是在学习目的和学习需要共同作用下产生的，为引导学生正确的学习动机，应该考虑以下三个方面：

（1）使学生树立正确的学习动机

由于目前不少学生都是独生子女，由于社会的影响，他们不少对家长、对家庭、对社会、甚至对自己缺乏责任感，他们没有迫切发展自己的需要，因而学习动机就不强烈，所以引导学生树立正确的和强力的学习动机，工作难度大，需要学校德育工作的密切配合，时刻关注学生的思想动态，抓住有利契机，因势利导，正面宣传，如此持之以恒，方可收到实效。

（2）要使学生明确学习目的

历史学的教学目的是面向二十一世纪，培养学生正确的历史观，使学生能辨证地观察、分析历史与现实问题，加深对祖国的热爱和对世界的了解，从历史中吸取智慧，养成现代公民应具备的人文素质，以应对新世纪的挑战。在学习过程中，每一章、每一节课的教学目的也要明确，这样才能使学生学习有的放矢。

（3）要强化和满足学生的学习需要

①尊重的需要，学生企盼学好一门学科是为了得到同学的尊重、

老师的表扬、父母的赞赏、亲朋好友的肯定，教师要充分保护学生的这种正常情感，满足学生的自尊需求。

②知识的需要，当学生认识到历史学在社会发展中的重要性时，就会产生了解和掌握历史学知识、分析和解决历史学问题的愿望。因此，教师要以认真负责的精神传授知识，并通过历史课堂讨论、组织辩论会、举办历史讲座、参观历史博物馆、纪念馆及爱国主义教育基地、考察历史遗址、采访历史见证人等活动，不断满足学生的求知欲。

③自身价值的需要，学生通过努力取得成绩时，就会对自己的能力有新的认识和评价，产生一种体现自身价值的心理。因此，教师要创造条件，通过组织历史知识竞赛、历史辩论、历史小论文撰写等活动，激发学生的成就感。

培养学生持续的学习兴趣

兴趣是人们力求认识某种事物或爱好某种活动的倾向。兴趣是最好的老师，兴趣是学习之母，没有丝毫兴趣的强制性学习将会扼杀学生探求真理的动机。因此，培养学生持续的学习兴趣，是历史教学过程中的重要一环，可采取的方法有：

（1）改进教学方法

落实新课程改革，提倡教育形式多样化，积极探索多种教育途径，组织丰富多彩的教学活动，充分开发和利用课程教育资源，一堂课要有引人入胜的导入、丰富多彩的内容、留有韵味的回味。教学时要史论结合，注重教学情景的创设，丰富学生学习和成长的体验，如利用精彩的故事、电影、谜语、典故……；栩栩如生的历史人物形象；提出问题、设置悬念；趣闻轶事、哲理故事等，激发学生学习的兴趣。课堂上还要锤炼教学语言，做到科学性与知识性相统一，趣味性与幽默性相并存，使抽象的问题形象化，复杂的问题简单化，深奥的问题

具体化，从而不断地激发学生学习的兴趣。

（2）加强学法指导

陶行知先生说："与其把学生当作天津鸭儿填入一些零碎知识，不如给他们几把钥匙，使他们可以自动的去开发文化的金库和宇宙的宝藏。"因此学习方法得当，可起到事半功倍之效，并使学生享受到成功的喜悦，产生愉快的情感，学习兴趣会更加浓厚；反之则产生内疚、痛苦、厌学等消极的情感，随即降低或失去学习兴趣。

因此老师应根据具体的教学内容进行适当的指导，注重拓宽历史课程的情感教育功能，在进行知识传授和能力培养的同时，充分发掘课程内容的思想情感教育内涵，潜移默化地对学生进行情感态度与价值观方面的熏陶，如历史知识的记忆方法；历史人物和历史事件的评价；历史经验和教训的总结与吸取，教科书的阅读、解题答题的方法等，都应进行科学的指导。

建立和谐的师生情感

情感是人对客观事物态度的体验，它一般与人的社会需要是否得到满足相联系。积极的师生情感能创造出愉快的教学氛围，它既能感染、鼓励学生，强化学习需要，又能激发老师的教学热情，使师生双方配合默契，最大限度地提高教与学的效率。那么，如何密切联系师生情感呢？

（1）要有献身历史教学事业的精神

由于历史教师肩负着传授历史知识，培养历史人才，迎接二十一世纪挑战的重任，所以应热爱自己的专业，牢固树立从事历史教学的光荣感和责任感，兢兢业业，乐于奉献，用自己的敬业精神感化学生，从而赢得学生的敬佩和爱戴，密切师生情感。

（2）要有热爱学生的高尚品德

"凡是教师缺乏爱的地方，无论品格还是智慧，都不能充分地或自由地发展"，俄国教育家托尔斯泰也曾说："如果一个教师把热爱事业和热爱学生结合起来，他就是一个完美的教师"。对学生，要以爱为本，多一点尊重和信任；要注重个性，多一点欣赏的眼光，只有把自己的一片丹心无私地奉献给学生，才能使学生在感动与信赖中不断密切与老师的情感。

（3）在工作中培养师生情感

调查发现，积极的师生情感有利于提高学生的学习积极性。教学中老师要注意密切师生情感，促进情感共鸣，激发学生的学习热情，使师生情感转化为学习动力。为此，老师要做到言语亲切，温暖学生；目光和善，可亲可敬；表情自然，可信可赖；教学耐心，感化学生；人格平等，尊重信任。这样师生间心理相容关系和谐，心往一处想，劲往一处使，拧成一股绳，合成一股力，教与学的效率能不提高吗？

锻炼学生坚韧的学习意志

意志是为达到一定目的而自觉行动、克服困难的心理过程。坚强的意志既是行动的强大推动力，又是克服困难、获得成功的必要条件，学生在学习中总会遇到一些内部的障碍和外部的困难。因此，教师要挖掘一切能锻炼学生学习意志的因素，增强学生的学习自觉性，培养学生的学习恒心和毅力，主要方法有：

第一、通过介绍历史科学对社会发展所起的巨大借鉴和推动作用，使学生更加深刻地认识到学习历史的重要性，增强学习的自觉性。

第二、通过介绍司马迁、司马光、郭沫若等历史工作者以顽强的毅力战胜艰难困苦，攻克历史难关，为人类作出巨大贡献的曲折历程，鼓励学生要有克服困难的勇气，培养学生坚强的学习意志。

第三、要有意识地，适时适量地增加学生的学习难度，鼓励学生通过自主学习合作探究学习历史，培养发现历史问题和解决历史问题的能力，养成探究式学习的习惯。

激发学生愉悦的学习情感

每一个学生都渴望成功、渴望肯定。大凡学生都希望在教师的悦纳中尽情展示自己的聪明才智，从而愉悦的学习，但是筛选式的教育却更易于制造学生学习的失败，挫伤学生学习的情感，长此以往，学生对学习越来越缺乏热情。因而我们必须转变我们的教育，让我们相信失败是成功之母，但让我们应更加相信成功更是成功之母。我们的教育应成为制造学生成功，一个接一个更大的成功的舞台；我们的教师要学习关爱学生、宽容学生、尊重和悦纳学生；我们的评价要更加关注每一个学生学习上的前进、品德上的进步。

惟其如此，我们才能营造一个学生乐学、亲学、要学、善学的教育环境，从而长久地激发学生愉悦的学习情感。

总之，非智力和智力因素是密切相关的，两者互相联系、互相制约、互相促进。因此，我们在日常的教育活动中，应把智力因素培养和非智力因素培养双管齐下，把学生培养成智商和情商俱高的人，让我们的教育能真正为学生的可持续发展服务。

10. 利用地理学科培养学生非智力因素

学生的非智力因素与他们的学习成绩有很大关系。非智力因素在人才的成长过程中有着不可忽视的作用。教师在教学过程中应重视对学生的非智力因素的培养，使学生的非智力因素和智力水平同步协调发展，使其成为有用的人。如何激发求知欲、如何激发学生积极的情感、如何激发学生的学习动机、如何培养坚强的品质？

在教育教学实践中，我们常发现，大多数学生智力水平差别不大，学习效果却千差万别，甚至有些"聪明者"的学习成绩反而不及"愚笨者"。这是为什么呢？究其原因，最主要的是非智力因素的差异。什么是非智力因素呢？非智力因素是指与认识没有直接关系的情感、意志、兴趣、性格、需要、动机、目标、抱负、信念、世界观等方面。非智力因素在人才的成长过程中有着不可忽视的作用，因此教师在教学过程中应重视对学生的非智力因素的培养，使学生的非智力因素和智力水平同步协调发展，使其成为有用的人。那么在地理教学中应该怎样培养和调动学生的非智力因素呢？

抓住学生的兴趣点，激发求知欲

兴趣是指人们积极探究某种事物和爱好某种活动的心理倾向，兴趣是学生接受教育的感情基础，是推动学生进行学习活动的内在动力。当学生对学习内容发生兴趣时，学习一定是积极主动，乐此不疲。地理教学过程中应如何激发学生的兴趣？

地理知识内容丰富多彩，上至天文，下至地理，近及家乡，远及全球，既有自然，又有人文地理的特点，这些广博的知识对喜欢言古论今，谈天说地的中学生来说是有刺激性的。在地理教学中，教师要善于挖掘教材内在的潜力，联系生产、生活实际及时事热点等这些学生的兴趣点激发学生的求知欲。

如南北极考察、太空探索、外星文明、印度洋海啸、厄尔尼诺现象、中东局势、汶川地震等。如 2008 年 9 月 25 日神七发射时我正好讲到地球运动和有关宇宙的知识。

注重情感交流，激发学生积极情感

情感是人对事物态度的体验，它对人的活动有着重要影响。教师在教学过程中要重视增强积极肯定的情感，降低消极否定的情感。积极肯定的情感要靠感染、诱发和点拨。在教学中，教师要善于抓住学生的情感变化，察言观色，通过眼神、表情、语言变化等方式调动和激发学生的情感，使学生在学习中充满激情，把对地理科学的热情充分地表达出来，做到"晓之以理，动之以情"，提高学生的学习兴趣。同时教师要学会控制自己情绪，态度要和蔼、亲切、不压抑、不专横，把微笑和激励带进课堂。

但要使学生每节课都充满激情，一方面要注意克服教学方法模式化的倾向，追求教法的新颖性，以新颖的形式激发学生的求知欲，使之保持稳定的注意力。另一方面针对地理学科内容多、知识杂、涉及面广的特点，照本宣科显然是不行的，必须要兼顾其它学科，多方涉猎，发挥诗词、歌曲、趣闻的激兴、怡情作用，增加课堂的趣味性。这就要求教师课余要不断钻研，扩大知识面，课堂要精心编排教学内容。

例如在讲第二章气旋、反气旋，气团和锋面活动时，在讲清基本原理的基础上，结合在民间广为流传的观云看天的谚语和天气预报及当地的天气变化，叫学生观察、分析，用所学知识解释，得出结论。讲地图时引入谜语"容纳千山万水，胸怀五湖四海，藏下中外名城，浑身绚丽多彩"，讲到蒙古高原时引用诗句："天苍苍，野茫茫，风吹草地见牛羊。"讲长江时，让学生听一首《长江之歌》；讲青藏地区时，让学生听一首《珠穆朗玛峰》等。

唤醒学生内在需要，激发学习动机

学习动机是维持和推动学生进行学习活动的内部动力。坚定而自信的学生，总是把学习看成一件乐事，绝不会因学习上遇到困难而泄气，学习动机和兴趣强烈，独立积极、不甘落后，情绪稳定，自信心强，意志坚韧，有一定的独立见解和完成任务的习惯，创造能力也比较突出，学习动机是学生学习的内在原因，是他们勤奋学习的基础。但学生并不能自动地产生这种动力，这就需要老师适时地、自然地、坚持不懈地做好思想引导工作，使他们对学习产生需要，使之有明确的学习目标和志向，产生强烈的学习动机。如何激发学生学习地理的动机呢？

一方面根据学生心理发展规律，抓住学生的兴趣特点，利用地理知识的趣味性引发起来的学习动机，在教学中善于利用奇闻趣事、各地风土人情、各种自然带珍奇动物、各种旅游景观、巧妙的插叙、古诗、歌诀、谚语、顺口溜、谜语等"兴趣元素"来引发学生的学习动机。利用地理知识的实用性引发学习动机，通过国情教育、国土开发与整治、资源调查与开发、城市规划、农业发展、工业布局、交通建设、环境保护、商业贸易、旅游开发等地理知识的学习，培养学生科学的世界观、人生观、人口观、资源观、环境观，强化学习的目的性和地理知识的实用性。

另外教师形象的描绘，生动的语言，巧妙的插叙、古诗、歌诀、谚语、顺口溜、谜语等的巧用都会使地理课堂增辉添彩，激发学生学习地理的动机，使学生在轻松、愉快的环境中掌握地理知识。讲"气候"时用"沾衣欲湿杏花雨，吹面不寒杨柳风"（春）；"黄梅时节家家雨，青草池塘处处蛙"（夏）；"看万山红遍，层林尽染"（秋）；"忽如一夜春风来，千树万树梨花开"（冬）等诗歌导入。学生从诗歌中形象的体会到春夏秋冬的不同气候特点，从而激发了学生学习气候的兴趣。由此可见，全方位激发学生地理学习的动机，定会让学生发挥潜质，提高地理学习的质量。

树立学生的自信心，培养坚强的品质

古人说：有志者事竟成，一语道破了非智力因素"志"在学习活

动"事"中的作用。学习是一项艰苦的脑力劳动，每个人的成才之路都是很漫长的，并且充满了艰辛，这就要求学习者必须要有坚强的意志和持之以恒的毅力。而且这将是一个人受用一生的财富，因为意志品质不仅仅应用在眼前的学习上，而且应用到生活的方方面面，人生中面临的重重困难，都需要有坚强的意志品质，因此教师要用发展的眼光看待学生。那么，地理教师要怎样发挥地理教育的这一优势呢？

实际上任何学科的学习过程中都会遇到各种各样的困难和挫折。意志坚强的学生，有决心克服学习中的困难，取得学习上的成功，自信心受到鼓舞，从而强化动机、巩固兴趣，学习积极性进一步提高；反之，意志薄弱的学生，则一遇到困难就放弃努力，许多学生之所以在学业上不成功，是因为缺乏一种坚强的意志，他们由于意志的薄弱，无法解决所面临的一系列问题。

目前，许多学生家庭环境比较优越，父母为其创造最好的学习条件，因此，学生的依赖性很强，独立性差，面对困难和挫折时，常常束手无策或退缩，表现在课堂中就是遇到难题时，不加以思考或乱做一通，怕动脑筋怕吃苦。久而久之，学习成绩就受到影响，以致丧失学习积极性。

例如，一进入高中同学们就开始学地球运动的知识，由于初中地理基础薄弱，加之地球运动知识比较抽象，部分学生学不懂就失去了信心，甚至放弃不学。面对这一部分学生，教师要单独找他们谈话，帮助他们一起分析原因，并反复讲解不懂内容，直到他们弄懂为此。平时要特别关注他们的思想变化，及时进行疏导，要善于发现他们的闪光点，及时给予鼓励。同时指出他们的智力水平、能力与学习好的同学相比较并不弱。当他们再次失误时，绝对不能讽刺挖苦，应及时提醒，耐心指导，并提供适当的机会让他们再尝试。

例如，在课堂提问时，对于一次甚至多次回答错误的学生，应及时提醒，耐心指导，并提供适当机会，选择一些较简单的问题再让他们尝试，帮助他们渐渐树立起学习的信心。另外地理科学需要野外调查，观测等。走出野外，就面临很多室内无法遇到的困难。复杂多变的天气，长途跋涉，持之以恒的监测……。在组织课外活动中，教师要擅于发现学生中的优良品质，因材施教，并树立榜样，以教育更多学生。

总之，人的学习和成才过程，是一个智力与非智力因素相互影响，而又以非智力因素起决定作用的过程，所以，我们在地理教学的过程中，要集思广益，努力调动学生的非智力因素，这是大面积提高地理教学成绩的有效方法，同时也是素质教育的一项重要内容，值得我们每位教师在教学中不断探索、不断改进。

11. 利用美术学科培养学生非智力因素

非智力因素的优劣，直接关系到人们学习与各项活动的效率、价值与成败。良好的非智力因素能强化学习动机，促进和影响智力因素的发展，智力因素的成果中往往蕴涵着非智力因素的作用。

作为素质教育重要组成部分的美术学科课堂教学，在学生非智力因素培养方面以其丰富有趣而又广阔的教学内容而对学生非智力因素培养有着不可轻视的作用。

更新教育观念，树立"大美术"的教育思想

思想认识和观念，是客观现实在人们头脑中的反映，它对人的行为具有一定的支配作用。人的思想认识观念一旦形成，往往会成为一种动力定型。习惯于按照固定的模式去处理和解决问题。更新教育观念，就是要从全面贯彻教育方针，提高全民文化素质的高度上，去重新看待美术课堂教学。

树立"大美术"的教育思想，是新形式下国家基础教育课程改革的要求，就是一改过去课程中，过于着重智力因素的培养而忽略了非智力因素的培养，即"小美术"的教育思想。作为美术教师，要树立"大美术"的教育思想，跳出传统美术教学中的强调知识传输的模式，大角度的认识美术课堂教学对学生的全面素质和能力的培养上来。

美术课堂教学有利于学生非智力因素的培养

美术学科作为素质教育的一部分，以其独有的学科特点，在发挥培养学生非智力因素方面，有着其他学科无法取代的作用。

首先，美术学科的教学目的就是为了全面培养广大学生树立良好的审美能力和提高表现美的能力。从中我们不难看到，其教学重点更偏重于前者。而学生审美能力的好坏，恰恰体现着他的个人审美情感的好坏。进而言之，他就会觉得现实生活没有意义而迷失实现人生价值的目标。

其次，美术课堂教学以其丰富有趣的教学内容，从更加广阔的角度去陶冶学生的情操，激励和启发着学生学习的动机。在众多的中外美术大师的生评作品中无时无刻不在启迪着学生追求真、善、美的人生最高境界。那一件件优美的作品以及背后的传奇故事，深深地吸引着学生的心，使之在不知不觉中得到心灵的净化，培养着崇高的人格。美术课堂作业所特有的安静、细心、一丝不苟、完成作业的喜悦都在无声地磨练着学生的性情，锻炼着意志，培养着学习的情趣。

再者，美术学科教学不象其他学科有严格的知识掌握和考察要求，学生必须得会背，会熟练掌握，会熟练运用。而是通过非常宽松的美术课堂教学使师生相互交流，利用看看、说说、写写、画画、做做、评评，在自由愉快中得到审美体验和知识的传授。这样更有利于学生

学习兴趣和学习动机的培养。通过师生融洽的相互交流，培养学生建立正确的人际交流关系。师生间对作品的共同评价，不断的引导学生自觉自主的探索知识，增长本领。

利用美术课堂教学培养学生非智力因素的方法

学生各种非智力因素的培养，不是孤立的而是相互协调的，相互制约的。在美术课堂教学，我们也要始终坚持这一原则，具体谈到学生非智力因素培养，我们可以有意识的突出某一方面的非智力因素的培养。如何利用美术课堂教学进行学生非智力因素培养：

（1）利用"大美术"课堂思想，树立良好情感

①要热爱学生，密切师生情感学生作为学习的主体，教师是他建立情感的对象。一个被教师热爱的学生常常会充满信心，朝气蓬勃，积极向上。如果教师对学生冷若冰霜，师生就缺乏共同语言，感情就不会融洽，学生也会产生许多不良情绪，课堂教学也就不会上的成功，就会使美术课堂失去了培养学生情感的基础。

在过去的美术课堂教学中，教师总是一味严肃的传输美术技法和技能，教师是知识的权威，学生只有机械的接受，忽略了这种传授的感情作用，使课堂气氛无法活跃起来，极大地影响着学生的情感培养。这样使我们培养出来的学生会过于相信权威依赖权威，从而失去自我的存在不去思考不去探索。

②要相互尊重，培养学生健康人格尊重别人就是要学会欣赏别人的优点和长处，原谅别人的缺点和不足。欣赏别人的优点是建立良好人际关系的基石。试想作为任何一个人，都喜欢让别人赞赏自己的优点和长处，也就是所谓的虚荣心。反过来想一个人如果处在不被别人看重、被周围人所轻视或被周围人所讨厌的环境中，他必然会产生内心自卑感从而封闭自己不愿与别人交流。作为教师学会欣赏学生的优

点，就是尊重学生。只有我们去欣赏学生的某个方面的优点，避开直接接触使学生感到有困难的方面，学生才会有信心在老师面前敞开心扉进行平等的交流。

（2）提高美术课堂教学艺术，激发学习动机

我们都知道课堂教学是老师和学生共同活动。只有通过有效的师生互动才能使美术教学效果显著，而这两者中美术教师的课堂教学艺术起着决定性的作用。

所谓学习动机是学习的驱动力。表现为有明确目标，为什么而学？要学什么？这一点明确了，学生会在学习的道路上，不断追求，勇敢探索直达目标。在美术课堂教学中处处可以找出培养学习动机的机会。教师要以积极的态度去发现、把握、利用这些机会，采取一定的教学措施利用各种手段将学生的学习动机由潜伏状态转入活动状态，促进学生勇于克服困难，产生学习欲望和求知兴趣。

①重视教学内容，积极调动学生学习动机 作为美术教师要在"大美术"思想的指导下，冲破狭隘的教学内容的局限，以更加广阔的视野调动学生学习动机。

②运用各种教学方法，引发自主学习动机。我们从心理学中，不难理解内因和外因的辨证关系。两者中内因是掌握知识的关键，而外因也有不可缺少的作用。作为教师，我们的作用就是积极的创造有利于学生内因起作用的外部条件，使内因产生积极的作用，这样会使学生受益终生的。美术课堂教学中，教师应该学会在教学内容和学生学习兴趣之间制造一种"不协调"，把学生引入一种与教学内容相关的情景中，与学生共同发现、探究、深思、解决，最终形成成就感的过程。

③创造一些"竞赛"活动，激发学习动机。心理学认为，竞赛可以激发学生的上进心和荣誉感，形成强有力的学习动机。通过"竞

赛"引导学生学会和适应竞争。竞争是人才成长的驱动器，也是人才成长中带有规律性的客观因素。一般情况下，每个人都有惰性，也有进取精神，如果一个人处在充满生机的竞争社会环境中，他自身需要在不断进取的压力下，他会不甘落后，就会奋力拼搏和进取，不断调动主体能动性，使个人的潜能充分得到释放。美术教师利用独有的课堂教学方式创设多样的"竞赛"活动，激发学生竞争意识，是不难做到的。这一点我在长期的教学实践中体会颇深。

（3）实施快乐教育，激发学习兴趣。

快乐教学的本质就是通过合理满足学生的多种需求和学习兴趣，来调动学生学习的积极性。使学生在教师的引导下，始终自觉、主动、活跃的状态参与学习活动充分发挥学生的主题作用。把"要我学"变成"我要学"，使学生在没有压力的情况下愉快地自觉地投入学习。

在美术课堂教学中，开展形式多样的快乐教学。运用多种手段，因势利导，广泛的调动学生的学习兴趣，培养学生学习兴趣。

①利用现代化教学技术，调动学生学习兴趣 在美术课堂教学中，使用现代化教学手段，把声音、动画、图片等直观易懂的内容带进教学内容中，激发学生兴趣，一改传统教学的老师讲学生听一支粉笔一本书的旧模式。使一节课一变样，内容不断翻新，始终以丰富新颖的教学内容吸引学生的兴趣。

②开展课堂教学活动，培养学生学生兴趣 在美术课堂教学中，开展课堂教学活动，要坚持活动的目的性、有序性原则。活动的目的性就是设立该活动对教学内容有什么作用，无目的的活动会使课堂教学失去意义。活动的有序性是指在突出学生作为主体的同时始终体现教师的主导地位。如果失去了教师的主导地位，活动就会无序发展，偏离教学设想。教师通过把握正确的课堂教学活动让学生在相互交流，自主探索中，得到兴趣培养。

③运用积极的评价手段，升华学生学习兴趣 无论是旧评价模式的分数还是新的"优、良、需努力"评价模式，都应让学生树立良好的心态去看待评价结果，只有这样才会使学生的学习兴趣不断提高。

利用美术课堂进行挫折教育，锻炼学生坚强意志

学习上的挫折，对于学生来讲是难以完全避免的，由此产生的挫折感会影响到学习动机，学习兴趣、志向、抱负等。伴随着挫折而产生的焦虑、忧郁、自卑等消极情绪体验，对于学生的学习和发展是十分不利的。在美术教学课堂中，我们要积极的帮助学生减少挫折，正确的对待挫折，培养坚强的意志 。

（1）美术课堂教学难易要适度

在美术课堂教学中，教师要把握教学中的重难点，要使之切合实际，把学习要求确定在学生经过努力可以达到的高度上，才会有利学生自信心的树立。在教学实践中，我们要关注学生的差异，对学生的教学目标要求，可分多层次。

（2）正确引导，进行锻炼

在美术课堂教学中，学生往往先对教师的示范产生兴趣，激起学生热情，在作业实践中，自己又做不到教师的水平而产生学习上的挫折。这是教师的正确引导十分重要，如不加引导，很有可能会产生放弃不学的心理。

重视美术课堂教学评价，完善学生个性品质

重视美术课堂教学学生"反馈"信息过程，采取积极性的评价方法，逐步完善学生的个性品质。

（1）美术课堂教学评价要有目的性

教师要善于发现总结学生千差万别的个性特点，选择适用不同的评价，使评价具备目的性，这对学生个性品质的培养，有着极其重要

的作用。如在教学中，对个性内向的学生，教师要采用当众表扬，发现优点就及时鼓励，肯定他们取得的每一步成绩，鼓励其继续努力，有利于其个性品质的完善，对个性外向的学生，教师可以采用多提出建议，引导学生向前发展，完善其个性品质。

（2）评价中力戒"伤害性"评价

所谓"伤害性"的评价就是对学生的"课堂反馈"错误或不足的同学，教师以"笨"、"没出息"的语言或当众撕毁作业、呵斥重做等刺伤学生自尊心和自信心的评价。在美术课堂中我们要力戒"伤害性"的评价方法，引导学生正确对待自己和看待别人。认识自身的缺陷和弱点，理智的对待自己所取得的成绩和荣誉，虚心接受别人的善意批评。自信而不自负，成功而不忘乎所以。

利用美术课堂教学树立榜样，培养学生学习信念

关注学生的个体差异，为其树立"多级榜样"，使其都能找到适合自己的学习榜样，通过自己的努力都能达到，产生学习的成就感，增强学生学习的信心。在美术课堂教学中，我们可以为学生树立多种榜样，培养学生学习兴趣。如在绘画课教学实践中，就作业要求来说，可以为学生树立不同的榜样。树立只要交作业就是好学生的榜样，使那些经常不交作业的学生有了简单的学习榜样；树立只要尽力做就是好学生的榜样，使那些应付作业的学生有了学习榜样；树立优秀作业的榜样，让那些中等学生有了榜样。通过诸如此类的榜样，使每一位学生都能体验到赶上榜样所带来的学习成就感，增加了学生的学习信念。

12. 利用体育学科培养学生非智力因素

体育在培养非智力因素中的重要性

社会的现代化首先表现为人的现代化，"人的现代化主要是指人

的各种素质的现代化，包括思维方式、价值观念、行为特点和情感方式的现代化。"，而体育教学与一般教学有很大区别，除表现为以身体活动为主要学习和练习外，多种感知参与、以动作记忆为主和各种情绪因素的影响等。体育教学的非语言指导也是其显著的特点，即教师利用面部表情、身体动作、语音语调、人际距离、口哨等手段组织和指导学生学习和练习的方法。这些都与非智力因素有着密切的关系，非智力因素主要是指需要、动机、兴趣、能力、气质和性格等方面的心理因素，因此，非智力因素在人才成长过程及体育教学中具有重要意义。

在体育教学中培养学生的非智力因素

在体育教学中，把学生非智力因素的培养贯穿到整个教学过程中去，对不断提高教学质量有着举足轻重的作用。主要从以下几个方面进行：

（1）培养学生主体意识

学生是认识活动的主体，一切教育教学的影响，只有通过学生自身的积极活动才能为其接受。教师要以学生为主体，掌握学生心理活动规律，了解学生的需要和兴趣，研究他们的认知水平、情绪情感、意志特点、运动能力的现状，以及他们的个性特征是从事体育教学的前提和依据，认真分析教材的特点，仔细研究教法，启发他们积极思维，激发学生的学习热情，鼓励学生自觉地、主动地进行创造性的学习，发挥学生的主观能动性，树立他们正确的学习动机，从中真正体验到亲自参与掌握知识的情感，产生愉悦的情感体验，养成良好的体育锻炼习惯。

（2）激发学生学习动机

需要是人对满足个人或社会生活所必需的东西的渴求和力求占有

的趋势。需要一旦被意识到就以活动的动机形式表现出来，是积极性的源泉，个性的积极性表现在满足需要的过程中。动机是直接推动人们进行活动的一种内部动力。是人类行为动机体系中的重要组成部分，它表现为学习的意向、愿望、兴趣等形式，对人们的学习起推动作用。

学习动机可分直接动机和间接动机两种。直接动机是与体育活动直接相联系的动机，它是以自己直接感兴趣的东西作为学习的动力，教师应善于利用学生对体育活动的直接兴趣，启发学生积极练习一些他们认为枯燥无味的教材；而间接动机是由自己的意志和社会的需要所产生的，是以达到一定目的作为学习动机的，除了要向学生讲明学习的目的，使他们懂得身体好与学习好的辩证关系，还应注意根据他们不同年龄的特征，分别采用一些与他们生理特点、心理特点相符合的教法，来启发他们的学习动机。间接动机对于提高和保持学生学习的积极性比直接动机有更重要的意义。

（3）培养体育兴趣爱好

兴趣是人积极探究某种事物的认识倾向，是在一定条件的影响下发展变化的，重要的是随时注意学习兴趣的发展趋势，及时采取措施，促使他们的兴趣向正确的方向发展。忽视培养学生对从事体育活动的兴趣、爱好、和养成锻炼的习惯就不可能奠定学生终身体育的基础。在体育教学过程中，应该把体育教学和业余训练、课外体育活动结合起来，培养学生对体育的兴趣、爱好，养成体育锻炼的习惯。

（4）培养各种技术能力

能力是顺利完成某种活动的必备的心理特征。能力决定着知识、技能、熟练获得的成就，才能就是各种能力独特的结合。素质是能力产生的自然前提，能力作为一种心理特征，则需要在必要的教育和训练过程中形成和发展，不论是一般能力还是特殊能力都要在实践活动中培养和发展。

（5）培养良好气质与性格

气质是人的心理活动的稳定的动力性特征。气质的这种动力性特征在人的情绪和言行上表现得最为显著。不同类型的气质在体育运动中他们的表现特征也不同，现代人所要求的社会性格和现代体育所提倡的观念是一致的，经常从事体育活动容易建立起积极的人生观和世界观。必须从早期抓好学生性格的培养，丰富他们的精神生活，让他们养成朝气蓬勃、快乐向上、好奇求知的优良品格，对于性格形成过程中出现的不好表现，要及时加以研究指导。

（6）培养学生的注意力

注意是心理活动对一定事物的指向和集中。注意分为无意注意与有意注意两种，无意注意是属于本能的，没有自觉的目的，也不需要意志去努力；有意注意是有预定的目的，必须时还需要意志努力，并受人的意识控制。在体育活动中指出完成动作的目的和要求、关键和难点，利用那些能引起学生注意的因素，把学生从被动注意引向有意注意上来，引起学生对时间与空间关系的合理分配和转移的注意，使之取得好的效果。还可以采用提示的方法来引起学生注意，如果心不在焉或注意力不集中，便不能掌握所学的内容，就会出现错误或伤害事故。在实践中，提高学生学习兴趣的方法是很多的，运用注意规律，最大限度地适应学生的需要，才能取得良好的教学效果。

兴趣是一种心理倾向，爱好是一种行为的积极表现，习惯则成为生活中的"自然"行为。兴趣表现出的积极情绪，导致了行为上爱好某项活动，从而形成行为习惯。兴趣是产生注意的源泉，是个人对事物所持的选择态度，它是属于感情和情绪的状态，对某一事物发生兴趣的时候，就会集中注意，一心一意去做，经常注意某一事物，也能引起对该事物的兴趣。对于感兴趣的活动，可以持久和集中注意，学习时主动积极，即使碰到困难，也会以坚定的意志去克服，产生愉快

的情绪，而没有兴趣，会使学生情绪低落，感到厌倦。因此，重视对非智力因素的培养，处理好它们之间上午关系对现代人非智力因素的培养是极为重要的。

13. 利用信息技术培养学生非智力因素

"智力"是指认识方面的各种能力，即观察力、思维能力、想象能力的综合，其核心成分是抽象思维能力。而非智力因素是指凡属于智力以外的心理因素，它是一个内容十分广泛，比较复杂的概念，包括理想、信念、世界观、自制力、顽强性、需要、兴趣、动机、意志力、情绪、自制力、顽强性、荣誉感、学习热情、求知欲望和成就动机等等。西方学者把智力因素与非智力因素分别叫做智商与情商。从世界范围内的统计结果来看，各行各业的许多的许多成功者不一定具有很高的智力商，但都具有很高的情商。

无论是培养未来高素质劳动者的信息素养还是信息技术的高级专业技术人员或者是从事信息技术行业的企业家，非智力因素都占据一个非常大的比重。根据本人多年的信息技术教育教学经验，观察信息技术行业的人才的反馈，特别是世界范围内的 IT 巨匠，在信息技术的教学中经常对学生进行非智力因素培养，非常有利于信息技术的教学，有利于新课程培养目标的实现，有利于学生的全面、健康发展。

加强爱国主义教育

在信息技术的教育教学中，加强爱国主义教育，可以进一步激发学生强烈的求知欲望，参与意识，竞争意识，对学生具有最广泛的制约调节作用，对信息技术学习活动有持久的影响。在初高中信息技术教学中，教师可以在如下教学章节中进行一系列的爱国主义教育。

（1）信息与信息社会

这一章渗透了大量的爱国主义内容。如，信息技术革命，当今世界各国对信息技术的高度重视，国家对信息技术的政策，我国技术产业的发展与崛起等。我们采取专题讲座、市场调查等多种教育教学形式。事后让学生写主题论文与市场调查报告。其中一个学生在报告中写到："我国在农业社会处于世界的领先地位，但是非常遗憾地错过了蒸汽机革命，从而在工业社会落后，导致近代中国一百多年屈辱历史。计算机及其网络的诞生与飞速发展，导致世界范围内的信息技术革命，我们已经错过了蒸汽机革命，再也不能错过信息革命，落后将后挨打。"

（2）操作系统

操作系统的教学要介绍世界的几种主流操作系统，像 DOS、WINDOWS、LINUX 等，围绕 LINUX 操作系统教师可以做专题讲座，从操作系统对于国家的信息安全，对于民族信息产业的发展做一个整体概述。很多学生上网查阅了大量资料，部分学生家里安装了 LINUX 操作系统，几个学生在家用电脑上同时安装了 WINDOWS 与 LINUX 两个系统，并进行了用户界面等方面的比较，分析出 LINUX 操作系统的优劣所在。

（3）文字处理

文字处理章节的教学首先要介绍常用的文字处理系统。针对 WPS 与 WORD 两种不同的文字处理软件，要求学生上网搜索有关两家公司、两种产品的信息，最后得出了结论：要不停对产品进行创新，要永远调查客户的要求，要时刻关注世界最前沿科技发展动向。

（4）计算机进程

电子计算机的诞生凝聚着人类长期研究和发展计算机工具与计算机技术的心血。我国是最古老的计算工具"算筹"和"珠算盘"的发明地，而近代中国在科学技术方面落后的根本原因是僵化的封建体制造成的。新中国成立以后，从 1956 年开始了计算机的研制工作，1958 年研制成功第一台电子计算机，1983 年中国人民解放军国防科技大学研制成功"银河"计算机，1992 年又研制成功"银河 II"巨型计算机，1997 年"银河 III"巨型计算机在北京通过国家鉴定，近几年我国的信息产业发展非常迅猛。我们可以通过了大量的数据充分证明了，只有社会主义才能救中国，只有实行社会主义市场经济才能使科技更加发达，人民生活更加幸福，综合国力更加强大，中华民族的伟大复兴真正实现。

培养学生的合作意识

当今世界国与国之间的竞争越来越体现在科技、经济、军事、教育等综合实力的较量。无论是科技的发展还是经济的建设都需要一个团队整体运作，所有这一切都要求我们民族具有合作意识和强大凝聚力。

目前的学生大多数是独生子女，个体意识比较强，合作意识与合作技巧比较差。为了培养学生的合作意识，我们可以实行分组教学。首先对所有学生的计算机水平进行摸底，把学生分成好、中、差几类，然后进行好中差三人一组的学习小组划分。学生上机操作过程中，充分发挥那些计算机特长生的优势，辅助教师为同学排除障碍，指导其他学生具体操作。利用他们的优势，让他们带动差生，互相协作、共同进步。通过课堂 40 分钟让全体学生尽可能地多掌握信息知识。

培养学生的创新精神

心理学家认为：创造是发展的灵魂。近 20 年来，时代的发展对自主性、创造性的人才需要日显急迫，特别是在信息时代的今天，中小学信息技术教师更是面临着非常紧迫的任务：如何才能让学生更具创造力，以适应时代需求，以振兴国家与民族。

（1）课堂教学要给学生足够的创造时间和空间

中学生自主性强，不喜欢教师讲得太多，而喜欢独立获取知识、创造作品，所以每堂课教学内容的选择、教学步骤的设计要注意给学生一定的创造空间。我曾经作过一段时间的实验，在纪律比较好的班级，40分钟的课堂教师最多可以讲解20分钟，在纪律差一点的班级教师最多讲解15分钟。实践证明现代的学生潜意识里面有一种自我做主的愿望，喜欢自我探索、运用新知识、新技巧。从我的实践来看，一般一节课最多三分之一的时间用来讲解，其余三分之二的时间进行学生的上机实践。

（2）教学仪器与设备一定要充分满足教学需要

信息技术学科是操作性强、实践性好，创造空间很大的崭新课程。学科的特点决定它不能像语文、英语、数学等课程一样用黑板与粉笔在教室里完成，它必须要借助于计算机网络教室、网络教学软件、因特网。网络教室教学软件集教师讲解、学生参与、资料查询、作业上交等功能为一体，学生拥有足够的时间和空间完成作业和作品的创作。

（3）教师要精心设计作业，培养学生的创造能力

还要总结归纳学生提出的问题，引导学生展开讨论。

加强磨炼意志，耐挫、抗挫教育

现时代的学生独生子女较多，他们唯我独尊、我行我素、骄蛮无理、自视清高但又思维活跃、感情丰富，成人意识、自我意识、独立意识、竞争意识越来越强烈。这一代学生大多生理成熟早，心理发展晚；生理营养过剩，心理营养不足，意志脆弱，抗挫性差。只有了解学生的心理特点，我们才能培养学生良好的心理素质。

第二章

学生的思想品质教育培养

1. 诚信是人生的通行证

有人说:"如果你失去了金钱,你只失去了小半,如果你失去了健康,那么你就失去了一半,如果你失去了诚信,那么你就一贫如洗。"诚信是民族的美德;诚信是企业的资本;诚信是交际的准则;诚信是人生的通行证。青少年朋友一定要握好人生的这张通行证,拥有了它,你才能在以后的人生路途中畅通无阻。

诚实——一切美德的基石

"诚者,物之始终。"《周易·乾》中讲:"修辞立其诚,所以居业也。"意为君子说话、立论诚实不欺,真诚无妄,才能建功立业。诚信,简而言之,即诚实、守信。"诚"乃指诚实、真诚和忠诚,要求表里如一,不自欺和欺人。"信"就是真实和信守诺言,要求"言而有信"。

我们说诚实是青年人事业的成功之基,其理由是:首先,青年人要想成功必须先成才,一个人在成才的路上,只有诚实,才能获得他人的理解、支持和帮助,诚实给自己创造了良好的外部环境,孤军奋战的人是难以成功的。其次,青年人诚实,才会善待自己,直面人生,全面审视自我,做到既不妄自尊大、自欺欺人,又不妄自菲薄、缺乏自信。只有正视了自己,才能扬长避短,确定正确的奋斗方向,逐步由小的成功走向大的成功。其三,诚实给青年人创造了良好的内在心境。诚信可以使一个人心胸坦荡,仰不愧天,俯不愧地,可以使一个人精神饱满,如沐春风,有创业的冲动,有干一番事业的激情。此外,大家都诚实,就能形成社会的良好环境和良好的世风,从而为建功立业的青年人创造条件,形成一种良性的互动。

诚实是你价格不菲的鞋子,踏遍千山万水,质量也应永恒不变。

乔治·华盛顿从懂事起,就很崇拜英雄人物。他想当军人,父亲告诉他:"只有诚实,大家才能团结,团结才能战胜敌人,成为勇敢的军人。"

父亲不光言传,还很注重身教。在父亲农场里,有一颗小樱桃树,那是父亲为纪念华盛顿的诞生而栽种的。小乔治一天天长大,小樱桃树也一年比一年高了。华盛顿一心想长大做一名威武的军人。有一次,他打算做一把小木枪,把自己武装起来。他本想让父亲帮帮忙,可看到父亲成天忙于自己的工作,没有时间,于是决定自己动手。小华盛顿拿起锯子、斧子,找了一棵容易砍倒的小树,把它锯倒了。哪知道这棵树,就是父亲最心爱的那棵樱桃树。这下可闯了大祸。

父亲回来,知道了这件事,大发脾气,质问是谁干的。华盛顿躲在屋子里,非常害怕。他想了想,还是勇敢地出来,走到他父亲面前,带着惭愧的神色说:"爸爸,是我干的。""小家伙,你把我喜爱的樱桃树砍倒了,你不知道我会揍你吗?"

华盛顿见父亲气未消,回答说:"爸爸,您不是说,要想当一个军人,首先就得有诚实的品质吗?我刚才告诉您的是一个事实呀。我没有撒谎。"

听儿子这么一说,父亲很有感触。他意识到孩子身上的优良品质,要比自己心爱的樱桃树还要珍贵。他一把抱住华盛顿,说:"爸爸原谅你,孩子。承认错误是英雄行为,要比一千棵樱桃树还有价值。"

诚实,能驱散人们心中的阴暗;诚实,将使人类有更多更真诚的爱。我们应该大力弘扬诚实的美德,让人们心灵更高尚,让世界变得更美好。

门德尔松是德国作曲家,1829 年,他 20 岁时,第一次出国演奏,一时轰动了英国。英国女皇维多利亚在白金汉宫为门德尔松举行了盛大的招待会。女皇特别欣赏他的《伊塔尔慈》曲,对他说,单凭这一支曲子,就可以证明你是个天才。门德尔松听了以后,脸红得像紫葡萄一样,局促不安地连忙告诉女皇说,这支曲子不是他作的,而是他

妹妹作的。本来，门德尔松是可以将这件事隐瞒过去的，但他在荣誉面前并不想夺人之美。他觉得诚实是一个人应有的品质。

这样的事例很多，但能像门德尔松那样有勇气站出来澄清的却很少。有时，一个人的品格就反映在一句话中。

古往今来，"诚实"便是英雄们惺惺相惜，成就大业的根本。无论儒法，还是老庄，"诚实"总是作为君子最重要的美德出现的。古书上处处写着君王以诚治国，诸侯以诚得士的故事。信陵君正因诚实得到侯君，抗秦救赵，名扬四海，刘皇叔正因诚信打动了诸葛孔明，三分天下，成就霸业。而梁山上，那些英雄好汉，一诺千金，为诚实两肋插刀的豪情，更被写进了才子名著，感动着千百万读书人。诚实是基石，诚实是资源，诚实更是迈向成功的阶梯。

一个诚实的人首先是一个诚实待己的人，一个敢于面对自我真实面目的人。这样的人能全面客观的审视自我，既不妄自尊大、自欺欺人，也不妄自菲薄、自我贬低。俗话说"知己知彼，百战不殆"。对自己的情况了然于心，就已经成功了一半。因为只有那些全面把握自己优点和缺点的人，才能真正了解自我成功的可能性和局限性，既不会因为他人的赞誉或阿谀奉承忘乎所以，也不会因为别人的否定或自己的一次失败就气馁。这样的人往往会在别人惊奇的目光中从小成功走向大成功。这就是诚实所具有的特殊人格力量。

守信是做人的根本

子曰："人而无信，未知其可也。"诚信既是为人处事的根本，又是成就事业，安邦治国的根基，是中华民族传统美德的体现。通览历史，社稷之兴衰，足以证明诚信乃成功之道。

知识是财富，诚信也是一种财富，拥有知识能使你变得充实，拥有诚信能使世界变得更美好！

有这么一个故事：一个超市的老板，曾经是一名下岗工人，在失业后，他并没有灰心，他向亲友借钱创业，并承诺必会服务于人民，但快两年来了，超市的收入不稳定，时好时坏。在非常时期，人们抢购白醋，各大商店立刻提高价格，但这个超市的经理并没有提升白醋的价格，反而以进价卖出，这样一来，这个经理和超市都受到了好评，经理说："因为我向市民承诺过，所以我必须有一颗坚守诚信的心，否则我在这个社会上何以立足呢？"

由此可见，守信不但是一种品德，而且是一种责任；不但是一种道义，而且是一种准则；不仅是一种声誉，而且是一种资源。

守信是人格确立的重要途径，也是人与人之间交往得以继续的前提。没有人愿意与不讲信用的人交往，只要欺骗别人一次，就永远失去了别人的信任，更谈不上别人对你的重用。当别人知道你不可靠时，你的机会就消失殆尽。客户不会喜欢与一个经常行骗的人做生意；领导不放心把一项重要的工作交给一个不值得信赖的人；朋友也不愿意与一个虚伪的人合作……尽管你有满腔成功的热情和满腹的才华，若失去了别人的信赖，你就再也没有施展才华的机会。

卡耐基说过："和谐的人际关系是一笔宝贵的财富。"那么，我们怎样才能拥有这笔财富呢？换言之，我们应该如何来奏响人际关系的和谐乐章呢？

孔子说："人而无信，不知其可。"守信是无形的"名片"，关乎一个人的形像和品质。在现实生活中不少人"一切向钱看"，不讲诚信，连自己的亲朋好友都敢蒙骗，由此使得人际之间信誉度降低，严重损害了人与人之间的关系的和谐。面对诚信的缺失，光是呼唤是不够的，我们每个人都是建设诚信大厦的砖瓦，需要我们从自身做起，从身边的一件件小事做起，如：不要失信于人，对别人有求于我们的事，我们一旦答应了就要尽全力去办。如果确因客观原因无法完成，

就应向人家解释清楚，求得对方的谅解；要尽可能本色地做人，不要总是带着一副假面具与人交往。不要抱着"没有永远的朋友，只有永远的利益"的想法，以一种"利用"的心态与人交往，甚至做出"过河拆桥"的卑鄙之举；防人之心固然不可无，但也不必处处设防，总是用一种怀疑的眼光来看人，须知猜疑是人际关系的暗礁。只要我们每个人都以自己的实际行动恪守诚信，相信诚信之火定能成燎原之势，到那时和谐的人际关系何愁不能建立？

2. 宽容是盛开的雪莲花

"宰相肚里能撑船，将军额头能跑马"这两句话是对有宽大胸襟的人们的赞美。古往今来，生活中有不少这样胸怀宽广的人。宽容是荆棘丛中长出来的一抹最高雅的淡红，你对别人宽容一点，其实就是给自己留下来一片海阔天空。然而，血气方刚的青少年，往往爱意气用事，同学之间不经意间的一句话或是一个动作，都能让他们在心里"怀恨"几天。不懂得宽容他人，对他们以后的成长是十分不利的，要明白，不会宽容别人的人，同时也是一个不配受到别人宽容的人。因此，青少年朋友都应该放宽自己的胸怀，宽容别人的过错，宽容不仅嘉惠了别人，还提升了自己，何乐而不为呢？

多一些宽容，少一些烦恼

《荀子·非相》中说：君子贤而能容罢，知而能容愚，博而能容浅，粹而能容杂。这是在告诉人们：君子贤能而能容纳无能的人，聪明而能容纳愚昧的人，知识渊博而能容纳孤陋寡闻的人，道德纯洁而能容纳品行驳杂的人。宽容往往是成大事者的必备品质。

生活中，人与人之间难免会有碰撞、摩擦，只是看你如何去处理。

由于现在的孩子多是独生子女，他们自然而然的成为了所在家庭的中心。在这种环境的影响下，他们很容易养成"得理不饶人"、"小心眼"、"嫉妒心强"等不良心理。常为一点小事争得脸红脖子粗，自己做错事，不着重检查自己，而是一味地找别人的不是，但是这样做的后果，无非是让自己受困于内心的不平衡当中，为此生气，激怒……其实，生活中本无太多事，不过是庸人自扰罢了，退一步海阔天空，只要学会宽容，就可以少一些不必要的烦恼与忧愁。

对于青少年来说，宽容是一门必须要学习的课程。青少年之间的友谊交往，本是很单纯、美丽的，它凝聚着我们的思想、情感。但在其中难免会出现冲突、摩擦，往往就是一些鸡毛蒜皮的事，断送了一段美好的回忆、一场纯洁的友谊。其实，这些不愉快的结果，只是青少年不懂得宽容别人、谅解别人。待人处事，如果没有宽容，就没有友情，没有了宽容就失去了善。宽容是一种美德，一种修养，也是衡量一个人层次高低的标准。能够给别人一个改过自新的机会，同时也让自己少了一些烦恼。学会了宽容，人世间便会多了几分温暖。

第二次世界大战期间，有一支军队在森林和敌人相遇了，于是一场激烈的战争爆发了。激战过后，有两名士兵和部队失去了联络，巧的是两个人来自同一个小镇，这让他们彼此靠得更紧了。他们在森林中艰难跋涉，互相鼓励、互相支持，就这样挺过了十几天，可依然联系不上部队。也许是因为战争，连动物们都不见踪影，他们随身带的食物已经吃完了，如果再没有猎物的话，他们很可能会被饿死。

也许是上天有好生之德，有一天，两人遇见了一只鹿，他们把鹿杀死后，靠着鹿肉又艰难地熬过了几天。比较年轻一点的战士把仅剩下的一点鹿肉背在了身上。不巧的是，他们又一次与敌军相遇，经过再一次交战，他们又幸运地避开了死神。就在自以为已经安全时，只听到一声枪响，走在前面的年轻的战士突然中了一枪，不过幸亏这一枪只是打在了肩膀上。后面的战士惊惶地跑了上来，他害怕得全身颤抖，说话也语无伦次，抱着战友的身体泪流不止，并赶快撕下衬衣为战友包扎伤口。

到了晚上，受伤的士兵一直很虚弱无力，他们都以为他们的生命要在这里结束了，这一关是闯不过去了，尽管饥饿难当，可是谁也没有动身边的鹿肉，连他们自己都不知道是如何度过了那个艰难的夜晚。第二天，奇迹出现了，他们和部队取得了联系，得救了。

30 年之后，当初受伤的战士回忆说："其实我知道，就是我的战友向我开的枪，因为他在抱住我的时候，我感觉到他的枪管在发热，我到现在也不明白，他为什么会向我开枪，也许是想独吞鹿肉吧。但是当我看到他惊慌失措又悔恨无比地为我包扎伤口的时候，我就宽恕了他。此后的三十年里，我也一直假装不知道此事，也再没有提起这件事。战争的残酷让他的母亲没有等到他回来便辞世了，在我和他一起祭奠老人家的那一天，他向我跪下，求我原谅他，我没有让他继续说下去。我们又做了几十年的朋友。我用宽容换来了一段珍贵的友谊。"

多么伟大的宽容！简直可以说是荡气回肠，这位战士的宽容不禁让我们对他肃然起敬，此时他的人格魅力闪耀着无限的光芒。宽容真的是一种崇高的精神境界，一种充满智慧的处世之道。而现在的社会里，青少年似乎根本不懂得宽容的涵义，只知道得理不饶人。和平的年代里也许不需要他们做出如此惊天动地的宽容，但对身边的人宽容却是义不容辞。

得饶人处且饶人

古人云：冤冤相报何时了，得饶人处且饶人。这是一种宽容，一种博大的胸怀，一种不拘小节的潇洒，一种伟大的仁慈。自古至今，

宽容被圣贤乃至平民百姓尊奉为做人的准则和信念，而已成为中华民族传统美德的一部分，并且视为育人律己的一条光辉典则。

清朝金缨说得好："人之心胸，多欲则窄，寡欲则宽。"朱熹在《朱子语类》中又说："心只是放宽平便大，不要先有一私意隔碍便大。"朱老总《游七星岩》诗："腹中天地宽，常有渡人船。"学会包容，要懂得宽容与谅解，关键是要剔除心中的私欲和杂念，淡泊明志，有所追求；同时要推己及人，以德报怨，与人为善。

为人处世，应以忍让为先，懂得忍让，实际上就是为自己留下了更广阔的空间。

有一日，楚庄王兴致大发，要大宴群臣。自中午一直喝到日落西山。楚庄王又命点上蜡烛继续喝。群臣们越喝兴致越浓。忽然间，起了一阵大风，将屋内蜡烛全部吹灭。此时，一位喝得半醉的武将乘灯灭之际，搂抱了楚庄王的妃子。妃子慌忙反抗之际，折断了那位武将的帽缨，然后大声喊到："大王，有人借灭灯之机，调戏侮辱我，我已将那人的帽缨折断，快快将蜡烛点上，看谁的帽缨折断了，便知是谁。"

正当众人忙与准备点灯时，楚庄王高声喊到："不准点灯。我今天与群臣同饮，有人喝醉了，酒后失礼，这是有情可原的事情。我不能为了显示妃子的忠贞，而伤害我的大臣。"说到这里，楚庄王想了想，在黑暗中继续说到："今日欢聚，不折断帽缨就不算尽兴。现在大家都把帽缨折断，谁不折断就是对我的不忠，然后我们大家痛饮一番。"

等大家都把帽缨折断以后，才重新将蜡烛点上，大家尽兴痛饮，愉快而散。此后，那位失礼的武将对楚庄王感恩不尽，暗下决心，自己的人头就是楚庄王的，为楚庄王而活着，对楚庄王忠心耿耿，万死不辞。

有一次晋楚交战中，庄王派兵帮助楚国。庄王也亲自临场指挥战斗。不料晋兵把周围围了个严严实实。眼看庄王性命不保，一个大将突然带兵杀进重围。救了庄王并杀出重围。过后，庄王问："你是哪个部队的大将？"那人答："大王，我就是上次调戏美人的人。多谢您没有查办。我愿誓死效力，为国捐躯！"后来，庄王占据了半壁江山。那位大将也年过七十而终。

这是一个真实的故事，记载于《喻世名言》。若没有当初他宽容大量的举动，庄王也会命丧战场。由此我们可以看出：不要一点点的事都追究，有些不至于原则性的事就不要大究了。这样宽容别人，别人也会感谢你的。对你有什么大的损失呢？这样的好事，何乐而不为呢！

用谅解、宽恕的目光和心理看人、待人，人就会觉得葱茏的世界里，春意盎然，到处充满温暖。谅解是人类的美德，是一种高尚的品质。有人这样形容：谅解是一缕和煦的阳光，能消融凝结在人们心头的坚冰；谅解是一股轻柔的春风能把炎热带出干渴的心灵；谅解是一颗种子，能让每一片心的土地四季常绿。可见用一颗包容的心去谅解别人，对我们做人来说是多么的重要。

感谢你的对手

上个世纪四十年代，美国阿拉斯加自然保护区里的管理人员为了保护野鹿，将狼消灭了。从此，鹿群再不必为逃避天敌而奔跑，也不用为食物发愁，于是病弱残疾者与日俱增，最后竟至濒临绝种的危险地步。这时，管理人员省悟了，又将几只凶残的狼引回鹿苑。有了天敌的威胁，鹿群穷于奔命，很快恢复了往日的勃勃生机。这两个故事都告诉我们一个道理，大自然的法则就"物竞天择，适者生存。"没有天敌的动物往往最先灭绝，有天敌的动物则会逐步繁衍壮大。

当你在人生的旅途上披荆斩棘，艰难前行的时候，其实你并不寂寞。同行的除了在你身边陪伴你、保护你的朋友，也有隐藏在暗处，时刻准备给你致命一击的对手……有时候，哪怕你的朋友全部离你而去，你的对手却依旧陪伴在你的身边，用他们的尖牙利爪提醒你他们无时不在。

人活着，一定会有对手。现实生活中，许多人都把对手视为心腹大患，是眼中钉、肉中刺，恨不得除之而后快。其实只要理性地思考，就会发现拥有一个势均力敌的对手，可以给人不断进取的信心，可以给人超越自身的渴望，会激发起你更加旺盛的精神和斗志。

我们应该感谢对手，只有在与对手的竞争中，一个人才能不断地完善自己，达到更高的境界。

如果你是一位胸怀壮志、目标远大的人，你应该感谢你的对手，因为他会让你变得谦虚谨慎、不骄不躁；如果你是一位知难而进、锐意进取的人，你应该感谢你的对手，因为他给予了你工作的压力和前进的动力，时刻在提醒你现在该干什么，该怎么让你变得日趋完善；如果你是一位爱岗敬业、乐于奉献的人，你更应该感谢你的对手，因为他时刻都在激励你要勇敢地面对前进道路上的绊脚石，让你变得坚韧不拔；如果你是一位不畏艰难险阻而努力跋涉的人，你应该感谢你的对手，因为他时刻都在提示前进的方向和奋斗的目标，警示你时刻都不能懈怠，应该朝着既定的目标努力；如果你是一位想在事业前进的道路上一往直前、立于不败之地、敢为人先的人，那你就必须感谢你的对手，因为他时刻都在让你面临挫折与失败的考验，你的对手是您成功的桥梁，进步的阶梯，前进道路上的座右铭助推器。

3. 为人生扬起自信的风帆

自信是一个人发自内心的自我肯定与相信。人们常说，成功等于自信加努力，自信是完美人生的基础。自信的前提是拥有足够的准备，高超的见识，卓越的能力。它不是盲目的刚愎自用，而是清楚地知道事情必然的趋势。有自信的青少年，在遇到困难跌倒的时候，总会毫不犹豫地自己站起来，继续往前，在历尽坎坷、失败之后，最终能够见到天边那一抹彩虹。

甩掉自卑，与自卑说"永别"

自卑，顾名思义，主体自己瞧不起自己，它是一种消极的情感体验。在心理学上，自卑属于性格的一种缺陷，表现为对自己的能力和品质评价过低。自卑和自满正好是两种完全相反的心理品质，却都是年青人常有的心理表现。自卑是指自我评价偏低、自愧无能而丧失自信，并伴有自怨自艾、悲观失望等情绪体验的消极心理倾向。

自卑的前提是自尊，当人的自尊需要得不到满足，又不能恰如其分、实事求是地分析自己时，就容易产生自卑心理。一个人形成自卑心理后，往往从怀疑自己的能力到不能表现自己的能力，从怯于与人交往到孤独地自我封闭。本来经过努力可以达到的目标，也会认为"我不行"而放弃追求。他们看不到人生的光华和希望，领略不到生活的乐趣，也不敢去憧憬那美好的明天。

自卑是一种低劣的心理，是一种消极的心理状态，是实现理想或某种愿望的巨大心理障碍。自卑的人往往都是失败的俘虏，被轻视的对象，严重的自卑心理能导致一个人颓废、落伍、心灵扭曲。在心理学中，自卑属于性格上的一个缺陷。

自卑，即一个人对自己的能力、品质等作出偏低的评价，总觉得自己不如人，悲观失望、丧失信心等。在社交中，具有自卑心理的人孤独、离群、抑制自信心和荣誉感，当受到周围人们的轻视、嘲笑或侮辱时，这种自卑心理会大大加强，甚至以畸形的形式，如嫉妒、暴怒、自欺欺人的方式表现出来。

自卑与自我排斥不同。自我排斥是一种不能接受自身（即自我）的观念，是对自己全方位的否定，没有明显的情景性；自卑则是对自己的偏低评价，尽管也有自我否定倾向，但仅局限于某些方面（如能力、容貌等），且有明显的情景性。

自卑也不同于自责，自责可以是正常心理现象，如因个人的缺点或错误而感到内疚；也可以是病理性改变的严重异常心理现象，如对一些并不严重的缺点或失误出现罪恶感，对它念念不忘并要求给予惩罚或自罚，常见于抑郁症等心理疾病；而自卑则既不是正常心理现象，也不是具有病理性改变的严重异常心理现象，而只是在某种情景下心理失衡的一种表现。

自卑的人常常情不自禁地过分夸大自己的缺陷，甚至毫无根据地臆造出许多弱点，还总爱拿自己的短处比别人的长处，不能冷静地分析自己所受的挫折，不能正确地对待自己的过失，不能认真地思考别人对自己的期望，也不能客观地理解别人对自己的评价，以致把自己看得一无是处，失去自信心，对那些稍加努力完全能够完成的任务也轻易放弃。

自卑感较强的人一般具有以下几种性格特征：小心、内向、孤独和偏见、完美主义。世界上，面面俱到的优秀人物、强者应与自卑无缘，但问题是，还没有一个人会在生理、心理、知识、能力乃至生活的各个方面都是优秀者、强者。从这个角度出发看待人，就会自然而然地发现，天下无人不自卑，只是自卑的表现形式与程度不同罢了。

有的人自卑心理的诱因是生理素质方面的，如五官不够端正、过胖、过瘦、过矮、口吃、身体有残疾、缺陷等等，这称真自卑。而有的人自卑心理的诱因是社会环境方面的，如出身农村，经济条件差，学历低，工作环境不好，家庭或单位的影响，等等；有的人自卑心理的诱因是性格气质方面的，如内向，孤僻等；有的人自卑心理是由于生活经历造成的，如情场失意，当众出丑被人嘲弄，等等。

自卑感是人类天生的一种属性，它是人类个体对自己能力和品质评价偏低的一种消极情感。不同的是智者能克服这种自卑感，使自己活得坦然自在；愚者盲目甚至过分地意识到自己的不足，他们陷入深深的自卑之中，于是只是埋头苦干，任劳任怨，从不敢提出一点自己的看法，任人驱使。愚者的一生，除了做苦力，没有任何建树。

卡耐基认为：信心和勇气能够导致激扬奋发的情绪，会使整个人像是突然被"充电"一样地带劲，立即会产生一种解决困难的欲望，并要求自己把事情处理得非常完美。当我们一旦下定决心，以无比的信心和勇气去面对困难的时候，马上又会变得神采飞扬、头脑清晰了。但是，当我们的思想被自卑困住的时候，往往会变得懒散，反应迟钝。

解决自卑心理，是一件又辛苦又伤神的事，人们一旦受困其中，钻入牛角尖，思路就会被局限。这时唯有以无比的信心和勇气、决心去克服，才能拨云见日，使思虑澄清。

我自信，我成功

自信是人生最珍贵的品质之一，是获致人生成功和幸福的最为重要的一种心态。

美国著名的成功学奠基人和励志导师罗杰·马尔腾说："你成就的大小，往往不会超出你的信心的大小。不热烈地坚强地希求成功，期待成功，而能取得成功的，天下绝无此理。成功的先决条件就是自

信——缺乏自信，就会大大减弱自己的生命力。"

自信亦称自信心，是一个人相信自己的能力的心理状态，即相信自己有能力实现自己既定目标的心理倾向。自信是建立在对自己正确认知基础上的、对自己实力的正确估计和积极肯定，是自我意识的重要成分，是心理健康的一种表现，是学习、事业成功的有利心理条件。

对于任何自卑者来说，最为缺乏的是一种内在的自我价值感。自卑是个体感受到自我价值被贬低或否定的内心体验。这种贬低或否定可能来自于当事人自己，也可能来自于外界的评价，但更多的时候是两者兼而有之。

自卑的反义词并不是自尊而是自信，自卑者往往有着超出常人几倍的自尊需求，只不过他们的自尊心缺乏一个稳定的内核和坚固的外壳，因此一点点小事就可能使其受到巨大的伤害。可见，对于自卑者需要的是调整对自我的认识角度，更需要的是通过不断地发展自我建立一种独特的人生优势。

有的人往往带有自卑感，他们总是觉得自己在说话方面低人一等。这样，他们对任何事情也不想积极去做，总说自己没有自信，等有了信心再去做，结果他们总是一事无成。

由此，培养自信心，就不要依赖别人的赞许，当你认识到自身的价值，当你决定选择一种行为，别人反对，也不要感到沮丧。因为那是一种自然现象，别人也不是啥都看得远、懂得多。

自信是一缕和煦的春风，是一丝动人的微笑，是一片明朗的天空。自信让我们变得干练、成熟，自信使我们的脚步变得坚实稳健。一个不屈不挠的人，自信在心中必坚韧地站立着，站成精神上的钢浇铁铸的脊梁，站成一幅永不凋谢的风景。

自信产生于努力之中。有人认为做事情只有有了自信之后才能去行动，这就好比人学会了游泳之后再下水学游泳一样，是非常荒谬的。

当我们徘徊于做与不做之间时，就应该在没有自信的情况下，大胆去做。

伊索寓言有一个故事：父子二人赶驴到集市去，途中听人说："看那两个傻瓜，他们本可以舒舒服服地骑驴，却自己走路。"于是老头让儿子骑驴，自己走路。又遇到一些人说："这儿子不孝，让老子走路他骑驴。"当老头骑上驴让儿子牵着走时，又遇到人说："这老头身体也不错呀，让儿子在下面累着。"老头子只好让两人一起骑驴，没想到又碰到人，有人说："看看两个懒骨头，把可怜的驴快压爬下了。"老头子与儿子只好选择抬着驴走的方法了，没想到过桥时，驴一挣扎，坠落河中淹死了。

按照马斯洛的需要层次论的观点，人都希望得到他人的认可与尊重，期望获得荣誉，因为这些可以令人精神上受到鼓舞。但是，人在奋斗过程中，真正有作为的事不是跟在别人后面亦步亦趋，而是需要创新。理解是具有滞后性的，如果不培养自我赞许的意识，就无法自我肯定，就坚定不了决心和信心，失败就随时"恭候"着你。

自信仿佛是人生坐标系上的原点，处境极其微妙，前进抑或后退，就在一念之间。具备自信就是具备了开拓进取的基础和条件，因为有了自信，就有了创造精神和创新意识。十分成功中有五分属于自信。成功是船，自信是帆；成功是高山，自信是登山的小阶；成功是远方的路标，自信是脚下的跋涉。

自信是愚公移山的信念，是精卫填海的毅力，是夸父追日的追求。自信不是神话，但神话中的愚公、精卫却树起了一杆自信旗帜，飘扬在历史的岁月中，让代代传诵自信的力量。

人们对自己根本不能做的事情是不会彷徨的。如果人们在做与不做之间徘徊不前，就说明这件事，只要通过自己努力就有可能成功。对这种事情，我们应该有只要努力就能成功的自信，也应该有冒险一试的精神。许多人陷入完善的桎梏之中，三思再思，但却不去行动。然而只有通过实际行动，思想才能得到解放增强自信。

4. 用谦虚装扮圣洁的灵魂

不论目标如何，如果一个人想要追求成功，谦虚是他必备的一种品质。谦虚是一个人正确对待自己，正确对待别人的重要道德要求。谦虚不是软弱而是自知，是一种广阔的胸怀，是一种虚怀若谷的情操，是一种难得的品质，是一种对知识、真理追求的真诚态度。只有谦虚的人才有智慧的头脑。人们常说：谦虚使人进步，骄傲使人落后。青少年朋友更应该以此作为自己人生的座右铭，时刻以这句话来激励自己，才能不断的进步。

满招损，谦受益

满招损，谦受益，时乃天道。意思是说，自满的人会招来损害，谦虚的人会受到益处。它告诉人们骄傲自满有害，谦虚谨慎有益的道理。一个人如果自满了，那么他的智慧便到了尽头，不可能有任何发展；一个人如果能做到谦虚，他的智慧便能不断的发展。

"谦虚使人进步，骄傲使人落后。"毛泽东的这句格言，其意蕴上接古人，言近旨语，当与古训共志之。海纳百川，有容乃大。

一个人能谦虚，在社会上一定会得到大众广泛的支持与信任，而懂得谦虚，便会知道"日新又新"的重要；不但学问要求进步，做人做事交朋友等等，样样都要求进步。如此所有种种的好处，都从谦虚上得来，所以称为谦德。

古代的贤名之人多是谦虚的，他们并不因为自己有本事而沾沾自喜。他们懂得自满会给自己灾难。他们多是默默地等待伯乐的出现，发现他们身上的价值，然后为知己者劳，为知己者死。

姜尚石番溪边垂钓待圣贤，他没有因为自己是昆仑弟子而自夸门第大宣自己是多么厉害，而是默默地在石番溪旁直钩垂钓周文王。最终为姬氏家族挣得殷家天下。

孔老夫子，他是我国古代伟大的教育家，弟子万千，有名的就有72人，他可以被称为是最聪明的人了，他可以自满一下，他也有这个条件，他自满了没有？他没有，他只是说："三人行，必有我师焉。"他的弟子遍天下，他的老师也不少。

还有受世人崇敬的周恩来总理，一生谦虚谨慎，平易近人，身为总理虽日理万机，公务繁忙，但每到一处都要深入群众，了解情况。一次，他到上海考察，与电影演员们会面，在亲切交谈中，有个小同志热情地向他建议，说："总理，您给我们写一本书吧！"可他却回答说："如果我写书，就写我一生中的错误，让活着的人们从过去的错误中吸取教训。"

正是因为他对自己严格要求的态度，和谦虚谨慎，为人民作出了巨大的贡献，受到人民的爱戴。

著名的文学家、思想家、革命家鲁迅先生曾经说过："不满足是向上的车轮。"只有谦虚谨慎，不骄傲自大的人才能获得成功，一步一步向人生的顶峰攀登。

谦虚是一种好的品质，我们每个人的骨子里都有，但是他美而不露，他隐藏于心灵的深处，他等待人们去挖掘，去发现因为他好，所以他不容易被发现，不容易被得到。

别林斯基曾说过："一切真正伟大的东西，都是淳朴而谦逊的。"世上凡是有真才实学的人，凡是真正的伟人俊杰，无一不是虚怀若谷，谦逊谨慎的。谦虚是一种美德，也是一种难能可贵的品质。

保持"空杯"心态

每一个人要想应对时代和环境的变化，须随需应变。以变应变，要求我们具有空杯心态。做事的前提是先要有好心态，如果想学到更多学问，提升能力，要把自己想象成"一个空着的杯子"，而不是骄傲自满、故步自封。

空杯就是要把自己"当人看"。人无完人，任何人都有自己的缺陷，都有自己相对较弱的地方。也许你在某个行业已经满腹经纶并十分成功，也许你已经具备了丰富的技能，但是对于新的环境、新的政策、新的对手，你仍然没有任何特别。你需要用空杯的心态去重新整理自己的智慧，去吸收现在的、别人的、正确的、优秀的东西。如果你不去领悟，不去感受，不去学习，仍然高枕无忧地躺在过去成功的经验之上，那将是很可怕的结局。

曾子曰："将三省吾身"。生活中还流行着一句充满智慧的哲言："认识你自己。"认识自己很重要，认清自己是非常困难的，否定自己更是难上加难。否定自我需要胸襟、需要坦诚、需要胆魄，需要真正的空杯心态，只有否定自我才能超越自我。

相传在很远的古代，知了是不会飞的。一天，它看见一只大雁在空中自由自在地飞翔，十分羡慕。它就请大雁教它学飞。大雁高兴地答应了。

学飞是一件很辛苦的事。知了怕吃苦，一会儿东张西望，一会儿跑东窜西，学得很不认真。大雁给它讲怎样飞，它听了几句，就不耐烦地说：知了！知了！大雁让它多试着飞一飞，它只飞了几次，就自满地嚷道：知了！知了！秋天到了，大雁要到南方去了。知了很想跟大雁一起展翅高飞，可是，它扑腾着翅膀，怎么也飞不高。

这时候，知了望着大雁在万里长空飞翔，十分懊悔自己当初太自

满，没有努力练习。可是，已经晚了，它只好叹息道：迟了！迟了！

在我们的身边，有多少这样的"知了"，就有多少这样的"迟了"。

空杯心态就是随时对自己拥有的知识和能力进行重整，空过时的，给新知识、新能力的进入留出空间，让自己的知识与能力总是最新；永远不自满，永远在学习，永远在进步，永远保持身心的活力。在攀登者的心目中，下一座山峰，才是最有魅力的。攀越的过程，最让人沉醉，因为这个过程，充满了新奇和挑战，空杯心态将使你的人生不断渐入佳境。

昨天正确的东西，今天不见得正确；上一次成功的路径和方法，可能会成为这一次失败的原因。不论组织还是个人，不犯错误都是美好的愿望，犯错误才是客观的现实。受到批评要警惕、警醒，得到赞扬更要警惕、警醒。在鲜花和掌声面前，看到差距；在困难和挫折面前，不失信心。这便是成熟和进步，这便是空杯心态。

"人要有空杯心态，让自己从学徒的心态开始前行"。如果总是守着自己的半桶水，晃呀晃的，就会陷入孤芳自赏、敝帚自珍的封闭境地，就会成为孤陋寡闻、不思进取的井底之蛙。保持空杯心态的唯一的方法就是把杯子里原来的水给倒掉。人的大脑就如同电脑一样，只有不断删除那些过时的知识和经验，我们才能不断接受新的东西。否则，你内存有限的大脑和心灵就会被一些无用的垃圾塞满而死机。

空杯就是经常给自己的心智洗澡。文韬武略的商汤王在他的洗澡盆上写了九个字——"苟日新，日日新，又日新"他在洗澡的时候，外洗身，内洗心，所以他在洗完澡后"身心舒畅"。我们现在洗澡，只洗身，不洗心。在洗澡的时候，还怨这个恨那个。真正的洗澡，应该是外洗身，内洗心，把外在和内在的过时的东西、心灵的杂草、大脑的垃圾等等，通通一洗了之，把身心洗得干干净净，清清爽爽。

做人就像一只杯子，你不停的往杯子里倒水，杯子的容量有限，如果你不把杯子里的水倒出来，水就会溢出来。人的思想就像只杯子，装满了知识和想法，假如你想要学得到更多的东西，就必须先把自己手中的那半杯水倒掉，真心的用一个属于自己的空杯，然后才能够真真正正的学到自己想要的东西。如果你不抛弃旧的观念，就无法接受新的东西，所以，做人要空杯一切。

我们都知道这样一个现象：如果一个杯子有些浑水，不管加多少纯净水，仍然浑浊；但若是一个空杯，不论倒入多少清水，它始终清澈如一。请时常清空我们杯中的水，以积极、开放的心态面对新事物。"善人者，不善人之师；不善者，善人之资，"学习善者，可找出差距，弥补不足，学习不善者可以以此为鉴，减少不必要的失误，提升适应性。

5. 热爱生活，享受快乐

"热爱生活"对于青少年来讲不是一个陌生的话题，每个人从小可能就被这样教育，可是真正能够参透它的真正意义的恐怕没有几个。青少年对于生活的理解，往往比较肤浅，真正的热爱生活，就像是热爱自己的生命一样。生活中到处都蕴藏着快乐的源泉，从初升的太阳到夜幕的星辰，从浩瀚的大海到涓涓的细流，无一不散发着独特的魅力。青少年只有用心地去感悟，才能发现它的五彩缤纷，才能得到一种超然的洒脱，一种不寻常的快乐。

生活需要细心品味

阿尔卑斯山谷中有一条大汽车路，两旁景物极美，路上插着一个标语牌劝告游人说："慢慢走，欣赏啊！"许多人在这车如流水马如龙的世界过活，恰如在阿尔卑斯山谷中乘汽车兜风，匆匆忙忙地急驰而过，无暇一回首流连风景，于是这丰富华丽的世界便成为一个了无生趣的囚牢。这是一件多么可惋惜的事啊！

慢慢走，欣赏啊！我们的生活何尝不需要这样呢？越来越快的生活节奏，不停地奔波，麻木的表情，飞快的脚步……你已经被你所追求的东西所累了，因为总以为前面有一个巨大的幸福在等待着你。当你回过头来看时，却发现，幸福，原来在路途的点滴之中。

时间不能停滞可是我们可以驻足。也许偶尔的一瞥，你就能看见生活的笑靥！

生活是需要人去品味的，否则便难知其中滋味。有滋有味是生活的高境界。不去品又怎么会知道到底是什么滋味呢？在坎坷而羁绊的人生路上，我们感悟出种种哲理；在充实而多彩的生活征程中，我们品味到酸甜苦辣。

当我们面对美味佳肴中的酸甜苦辣时，都会情不自地发出一声：哇！好甜那！啊！好酸那，啊！好辣呀！……感叹声中带着喜悦之情。当我们酒足饭饱之后，精神抖擞、面色红润，以满足的心情、健壮的体魄投入到生活当中时，我们会为此感谢美味佳肴、感谢酸甜苦辣，它给我们的身体提供了养分，使我们滋润的生存，用健康的身体去开创美好的未来。

生活也像道大菜。做菜讲究很多，围绕生活展开的东西也不少。酸甜苦辣咸是菜的基本滋味，喜怒哀乐愁是人的基本状态。生活如做菜，味道太单了不行，各种滋味全都混杂在一起也不行，关键要看品尝者的口味。适合自己的固然喜欢，不适合自己的也不一定全盘否定。权当特色，未尝不可，这就是品味。

当我们面对生活中的酸甜苦辣时，又是怎样对待呢，苦闷、忧愁、焦虑、不安等等……那阴云密布的神情，还在我们的眼神里，挂在我

们的面容上，让我们无从以对，朋友，这时，千万不要沉闷，千万不要躲避，这是生活给予的我们的机会，是锤炼我们心灵的机会，让我们向对待美味佳肴中的酸甜苦辣那样感叹它、赞美它，勇敢的面对它，当我们胜利地从困境中走出来时，你会觉得眼前一片光明，你会回头向生活中的酸甜苦辣道一声谢谢，因为你才使我成熟。

美味佳肴中的酸甜苦辣，滋养着我们的身体，才能为我们为小家庭谋福利，为社会做贡献。生活中的酸甜苦辣，净化我们的心灵，锤炼我们的意志，我们只有用心去品味生活，才能感受生活的美好。

生活，如一杯绿茶，虽然很淡，却总有丝丝的清香。茶，需要慢慢品味，生活亦然。生活是要品的，就像有人喜欢品茶、品酒、品咖啡，当你细细品味的时候，你会发现当匆匆掠过时不能发现的美丽。

热爱生活，拥抱生活

记得哪位哲人曾经说过，生活就是一面镜子，你对它露出笑脸，它回报你的就是一脸灿烂，你对它展现的是满面愁容，它回报你的就是愁眉不展，是的，人生的快乐与否，其实就在于对生活的态度。热爱生活表现在对生活充满自信，对人生充满希望，积极进取，在困难面前永远坚强，还有对生命的敬畏。

老头是搬运工，一日，他拉着一车沉重的钢管来到一个陡坡下，不禁望而却步。心想，靠他一个人拉上去肯定不可能，得有人帮一把才行。正在为难之时，一个热心的过路人走了过来，笑着对老头说："没关系，我来帮你。"说着，便卷起袖子，拉开一幅推车的架势。见有人来帮忙，老头心里便添了底气，力气也上来了。老头在前头使劲地拉车，热心人在后面不住地喊着："加油！加油！"经过一番努力，老头终于把车拉上了坡。当老头要感谢热心人的帮助时，热心人却说："你不要感谢我，要感谢就感谢你自己，因为我的手患有严重的关节

炎，根本用不上力，我只是在旁边喊喊'加油'而已，把这趟车拉上来全靠你自己。"

一个内心充满自信的人，就能拥有无穷的力量，克服艰难险阻，创造人间的奇迹。

热爱生活，珍爱生命

杰克·伦敦的《热爱生命》讲述的是这样一个故事：一个美国西部的淘金者在返回的途中被朋友抛弃了，他独自跋涉在广袤的荒原上。冬天逼近了，寒风夹着雪花向他袭来，他已经没有一点食物了，而且他的腿受了伤，鞋子破了，脚在流血。他只能歪歪斜斜地蹒跚在布满沼泽、丘陵、小溪的荒原上，非常艰难地前行着。就在他的身体非常虚弱的时候，他遇到了一匹狼。他发现这匹病狼跟在他的身后，舔着他的血迹尾随着他。就这样，两个濒临死亡的生灵拖着垂死的躯壳在荒原上互相猎取对方。为了活着回去、为了战胜这匹令他作呕的病狼，最终在人与狼的战斗中人获得了胜利，他咬死了狼，喝了狼的血。最终他获救了，使生命放射出耀眼的光芒。

只有生命的存在，才有可能去做其他的事情。以前的人们总是崇尚英雄主义，这不可避免地会产生副作用，那就是对生命的不尊重。现在，好像越来越多的人们只知道考大学，做白领，出国，多挣钱，同样是对生命价值和生命意义的扭曲，珍爱生命就是要知道生命的可贵、生活的丰富、人生的多彩。没有经历过的一切是那样的神秘而美妙，不要轻易放弃生命。生命对于每一个人只有一次，我们能好好的活着，我想：无论世事多么不顺，其实我们每时每刻都是幸福的，因为我们还能自由呼吸！那么，我们应当珍惜生命，学会感恩。

热爱生活，用睿智的眼光去看待生活；用审美的观点去观赏生活；用欣赏的心情去品味生活；用不懈的努力去创造生活；用积极的态度去完善生活；用激越的灵感去感悟生活；用平静的心态去享受生活。

热爱生活，既是一种健康的生活态度，又是一种良好的精神状态。

热爱生活，生命因你而充满旺盛活力，人生因你而显得格外壮丽。

热爱生活，不但可以享受生活的乐趣，而且能够把平淡化为神奇。

热爱生活，只有那些真诚热爱生活的人，才能在事业上写出新的篇章。

热爱生活，只有那些热烈拥抱生活的人，人生才会充实、光彩、亮丽。

6. 感恩，让生命精彩

古人云："滴水之恩,当涌泉相报。"感恩是一种生活态度,感恩是一种处世哲学,是生活中的大智能。人生在世,不可能一帆风顺,种种失败、无奈都需要我们勇敢地面对、旷达地处理。享受成功,要感恩,那是上天的恩宠,福人的相助;经历挫折,更要感恩,那是心智发育成熟,行为走向果敢的必经之路。感恩,让世界这样多彩;感恩,让生活如此美丽!现在的青少年大多都是家里的"太阳",感恩意识比较淡薄。因此,在日常生活中,更应注意加强对"感恩心"的培养。

感恩是一种回报

人生的道路,曲折坎坷,我们每走一步,不知有多少艰难险阻,甚至遭遇挫折和失败。在危难时刻,有人向你伸出温暖的双手,帮你解除生活的困顿;有人为你指点迷津,让你明确前进的方向;有人甚至用肩膀、身躯把你擎起来,让你攀上人生的高峰……你最终战胜了苦难,扬帆远航,驶向光明幸福的彼岸。那么,你能不心存感激吗?你能不思回报吗?感恩的关键在于回报意识。回报,就是对哺育、培养、教导、指引、帮助、支持乃至救护自己的人心存感激,并通过自

己十倍、百倍的付出，用实际行动予以报答。

没有阳光，就没有日子的温暖；没有雨露，就没有五谷的丰登；没有水源，就没有生命；没有父母，就没有我们。没有亲情和友情，世界就会一片孤独和黑暗。这些都是很浅显的道理，没有人会不懂。但是，我们常常缺少一种感恩的思想和心理。"谁言寸草心，报得三春晖"，"谁知盘中餐，粒粒皆辛苦"，这是我们小时候常常背诵的诗句，讲的就是要感恩。滴水之恩，涌泉相报；衔环结草，以报恩德，这些流传至今的成语，告诉我们的也是要感恩。

孝心是你的最大资本

孝心是人类最原始的爱，它的纯洁的不含有任何自私的成分。故女作家毕淑敏说："孝心是一种美丽"。带着孝心上路的人，眼前总是光明的，因为他时刻想着父母，父母给了他无穷的力量。如果一个人缺少孝心，其他的爱很难独立构成风景。在每个人的心中，都有一份孝心，尤其是青少年朋友，趁着你们还年青，赶快为你们的父母尽一份孝心。

孝是稍纵即逝的眷念，孝是一旦失去就永无重现的幸福，孝是生命与生命交接处的链条，一旦断裂，永无连接，现在，趁链条尚在完好为我们转动时，好好珍惜并心存感激地回报他们吧！趁我们的父母和长辈还健在时，一定要好好地教敬他们哪！愿我们都懂得一个道理：孝心无价！

俗话说："百行之首，以孝为先。"那位作为万世师表的大成至圣孔圣人更有"孝悌也者，其为人之本与"的至理名言。可见，"孝"是中国文化最深层最根本的基因，

生命对孝心的那份祝福，在世态苍凉的社会，已被越来越多的人淡忘，变得越来越不在乎了，其实那份美好是永远存在的，不管世人愿意或不愿意去注意和接受它。

孝心是一种传统美德，孝敬和赡养着老人，又是一种责任和义务。人始终有生与死……

孝心的芳香，是爱的自然芳泽。它在任何地方，任何的爱都不可以代替的，它成为生命、爱和灵魂的完美统一，它是生活中的一片绿洲，名利场外的一片净土。它在生命中的重要，不会因为年龄的改变而衰老。

孝心还是一个无形的圆体，其它的爱都围绕着它而转动。它滋养着其它的爱心，在心头平平舒展，熨帖着爱的浓厚情怀，使生命得以坦诚而透彻，使人生的宁静得以慰藉。缺少孝心，其它的爱很难独立构成风景，而缺少孝心的社会，将会引起人性的大博战。

听一位研究古文字的教授讲，"孝"这个字在甲骨文里的写法，是一个少年人牵着一位老人的手，慢慢地在走。"孝"字从右上到左下那长长的一撇，便是老人飘荡的胡须……

不知这说法是否为史学家定论，是否无懈可击，但它以一种恒远的温馨，包含着淡淡的苦楚沉淀我心，感到一种人类对自身生命的感怀，一种更为年轻的个体对即将逝去的年华无微不至的关顾与挽留。

中国人讲孝，有其根深蒂固的思想所在，不仅是中国人，只要是人类，甚至是动物界中，都孝行的表现，因为孝是天性自然的流露，非关知识亦不需学习的一种行为表现，而且是一切善行的开端，所谓"百善孝为先"；从历代圣贤的行谊中可以得知；他们皆以行孝以得天下，扩之而成圣成贤，如《孟子告子下》所言："尧舜之道，孝弟而已矣"，《尚书尧典》称舜为"克谐以孝"。

在人的一生中，父母的关心和爱护是最真挚最无私的，父母的养育之恩是永远也诉说不完的：吮着母亲的乳汁离开襁褓；揪着父母的心迈开人生的第一步；听着父母那无私的声音学会了叫第一声：爸爸，妈妈。在无微不至的关怀中成长，灾灾病病使父母熬过多少个不眠之夜，读书升学费去父母多少心血，立业成家铺垫着父母多少艰辛。可以说，父母为养育自己的儿女付出了毕生的心血。这种恩情比天高，比地厚，是人世间最伟大的力量。

父母的爱是无微不至的，不只是抚养我们长大，也照顾我们一起生活。父母教育我们做人处世的道理，带领我们走向光明的未来。我们就像小绵羊一样，父母就像牧羊人一样，细心照顾和呵护着我们，父母把他们的知识道理不停的传授给我们，使我们长大成人，所以我们要无怨无悔的孝顺父母。

中华文化的精髓中，影响中国人数千年的重要精神，就是孝道，所以有人说：中华文化就是孝道文化，它维系家庭的每一成员。现今社会乱源之所在，探其究竟原因，就是不能体认孝的真义，无法实践孝道而造成家庭不完整，从单亲家庭增加之速度，及青少年的问题层出不穷，即可知其端倪；因此当务之急就是如何使大家能再次深刻的体认孝道的重要性，重新恢复孝道精神，在家庭中生根繁衍。

7. 爱是人的一种需求

爱是人的一种基本需要。当这种需要不能得到满足时，人就会感到悲观、失望，心情抑郁、苦闷，甚至有的人会觉得活得没有意思。正在成长的青少年，对这种爱的需求更迫切、更强烈。

爱，意味着对人的尊重

爱，是超越生命的情感；爱，是永恒的忍耐；爱是上苍给予我们最丰富的礼物，爱意味着对人的尊重。

生命从爱而来，所谓"爱不重不生娑婆"，父母相爱，所以我来到了人间；兄弟姐妹相爱，所以有了一个温暖的家。现代的社会都提倡"爱"，有爱就能走遍天下，有爱就是温暖的人间。爱，好比是日光、空气、水；没有日光、空气、水的爱，生命就无法生存了。

但是，爱也要爱得正当，爱得合理，爱得尊重，否则假爱的善名，做丑陋的事情，那就为人所不耻了。例如，有人把爱当作执著，有的人把爱当为占有，有人把爱当成自我，有的人把爱变为恨源。其实都是因为他们不懂得爱的含义，爱，首先要学会尊重。

俗话说，没有尊重就没有爱。所以你不爱他人，他人也就不会来爱你。如果你要爱一个人，你首先就要学会尊重那个人，而你第一个必须尊重的人就是你自己。试想一个连自己都不尊重自己的人，那他怎么能爱自己呢，进而一个连自己也不爱的人，怎么可能去爱别人呢？所以说：你想在自己的生命中充满爱，就必须首先学会爱自己。

我们很多青少年从来不懂得尊重自己，他们要么不喜欢自己的外表，要么不喜欢自己的声音、性格或智能，因而失去了这个年龄段应有的自尊与自信，总是认为自己处处比别人差劲。所以要想得到别人的爱，首先你要付出自己的爱；要想得到别人的尊重，首先学会去尊重别人；在去尊重别人之前，必须首先学会自己尊重自己。那么如何学会尊重自己呢？

青少年要正确的看待自己，学习接受自己，对人对事满怀感激，不要在意别人对我们的恶意批评。我们要知道世界上的每个人、每件事的存在都有其合理性，而且我们每个人都有着独特的灵魂和独特的身心素质，我们是这个世界上独一无二的。

犹太人有一个美好的说法："一个人只要拯救了一个灵魂，他就拯救了整个世界"。它告诉我们，每个人都是可贵的。不论外表、行为和个性是多么的不同，但每个人都有改变世界的力量，而世界也随着每个不同的人，以不同的方式在改变当中。当我们这样看问题时，意味着爱已经发生，它就会促使我们既尊重自己，又敬重别人，创造出爱的绿茵和改造世界的巨大力量来。

一旦我们理解并欣赏自己的价值，我们就会开始欣赏别人的价值，并且尊重他们，而当我们有了尊重，我们就能够去爱了。拿你来说，当你学会了如何尊重自己，进而爱自己的时候，你和他人在一起就会显得轻松、自然、和谐，因为你使用一种尊重的眼光去看别人的，很自然，你的态度就会显得温和亲切，这时你也就感觉到自己能够去爱别人了。

如果爱是火炬，那么尊重就是烈焰，只有燃烧着的火炬才能诠释它的力量；如果爱是一只雄鹰，那么尊重就是翅膀，只有盘旋于蓝天的雄鹰才能代表他的勇猛；如果爱是嫩绿的禾苗，那么尊重就是水，只有水才能浇灌禾苗。

能够爱人是一种能力。爱，是需要浇灌的，尊重对方的想法、处事方式，对方的人格、信仰，这样才能理解对方，才能在别人颓废徘徊于人生分叉口时给予最真诚的鼓励，才能在别人成功潇洒地登上人生的小站上传送衷心的赞美。

当你施予，你就拥有

施予对你获得好运有很大的帮助。当你帮助别人而不图任何回报，得到好运的几率就提高很多。因为当你慷慨赠予，会感到幸福，使自己更乐观向上，更有可能接近好运。其次，你曾经帮助过的人，有一天也可能帮助你。慷慨能感染别人。

李芳是一名优秀的医护人员。那年夏天女儿考上大学，去了遥远的南方，丈夫也与她签订了离婚协议，离她而去。她一个人孤寂寥落，人如浮萍，心若苦雨。每天工作之余她去唱歌、去跳舞、去美容、去休假、去旅游，但寂寞孤独始终如影随形，不肯离她远去。后来经朋友介绍，她自愿加入了老年人互助中心。工作之余常去照顾关心孤寡老人，为老人们洗衣做饭，解闷聊天，讲解保健知识，老人生病了就主动细致地进行护理，多年的医护工作经验有了更为广阔的用武之地。

她热情周到细致的服务，不仅为孤寡老人排除困难，解除病痛，还为自己赢得了自信、欢乐和赞誉。通过帮助他人，为自己打开了一扇全新的窗。

看着她阳光灿烂的脸，她的朋友忍不住问她为什么在自己最困难的时间还想到去帮助别人呢？她告诉朋友，她最痛苦的日子里，在一本书上看到了这样的话："如果你得不到爱和关心，如果你失去了盼望，那么应该向别人施予爱和关心，尝试给别人盼望。虽然你那样贫穷，但当你施予的时候，你会发现你好像拥有了爱和关心，有了新的盼望。"她试着去做并且成功了。

原来施予不是付出，而是拥有！

在美国，一项最新的调查显示，最能给人带来满足感的工作是与照顾和帮助他人有关的工作。80%以上的牧师和消防队员都表示自己的工作相当快乐，因为能时刻向人伸出援手。人们在共同的社会生活中经常会表现出类似这样的行为，比如帮助、分享、合作、安慰、捐赠等，心理学家把这一类行为称为亲社会行为。

8. 拥有一颗博大爱心

爱心是一种奇妙的力量，它可以传递温暖，还能够创造奇迹。奉献爱心，能体现自己的人生价值，更能让自己的心灵得到洗涤。在这个纷乱复杂的世界里，惟一能够让大家维系在一起的便是爱心。青少年是一个年轻又充满活力的群体，他们的爱心一定更具有号召力和感染力，所以更应该用自己的行动来让世界充满爱。青少年应该明白奉献爱心的价值和意义，哪怕是用自己微薄的力量向社会付出自己仅有的一点热量，也能发挥出神奇的效果。

关爱生命，奉献爱心

对于处在困境中的人们，一次爱心的援助，带给他们的不仅仅是帮助，更是生活的温暖和未来的希望……在给受助者提供物质帮助的同时，更是传递了一份爱心，拉近了心与心的距离，施予爱心是一种生命价值的集中体现。

是的，心存感动，才能让爱心飞扬。而拥有爱心的人才充满了对生活的热爱。热爱他人就是善待自己，爱心的回报有时候超过了金钱的价值，甚至能挽救人的生命。

"在一件幽暗的小平房里，一位苍老的母亲抚摩着先世的丈夫的遗照，镜头一转出现了一名看上去就知道是智残的男子，画外音出现（母亲的声音）：原来我打算如果我走了，也一定把他带上……可直到他们来了，我们娘俩儿的生活变好了！"与声音同步出现画面里的一群青年志愿者为这对娘俩儿买米、打扫屋子、料理生活……"直到这个公益广告片结束，"如果人人都献出一点爱心，他们也会活得同样的精彩！——"5月20日全国助残日，"哦，原来！五月的第三个星期日是全国助残日，一个为他们的独特节日。

看到这儿就令人不自觉得想起张海迪、残联主席邓朴方等身残志不残的新时代的英雄，还有最近经常在各大报纸媒体中看到的特别音乐指挥家舟舟，尽管他是一名智障人士，但他本着对音乐的那份挚爱与热忱，最终使他走上国际舞台，与世界级的指挥家同台献艺。当然舟舟的成功与他自己的努力固然密不可分，但更多的来源于他身边许许多多充满爱心人们的帮助。

献出爱心的这些人们各有各的缘由，有的是同情弱者，有的是乐善好施，有的是想为社会做些事情，但不管其出发点是什么，得来的结果都是最好的，得到这些爱心的残障人士的生活也都因此变得丰富幸福起来。

其实每一个人在一定程度都可以说是残疾的，如果你不是身体上的残疾，就会是智力上的残疾；如不是智力上的残疾，就会是心理上

的残疾，再或是性格当中的残疾，因为人都会自卑，孤独，怯懦，贪婪……当有了这些人性中的弱点时，人，就不够完美了。所以就不难理解，为什么身体和智力都健全的人的自杀率却远远大于真正的残障人士。我想，心灵上的残疾并不是光靠爱心就能够解决了的。也所以，每一个人在献出爱心的同时都是需要被救助者。

所以爱心的付出是并不求回报的，那你有看到他们得到我们的帮助而幸福的过活吗？那你有感觉到我们因付出爱心而充实的心灵吗？一定有，真的！因为在你施予爱心的同时，你也正在体现着自己生命的价值。

爱心对一个人来说是一种心态，是一种精神，是一种生活境界。"爱是一种能力，而不是对象，爱是一种主动行为，它包括责任、尊重、了解、照顾……"

爱心是要传递的。我们不是仅仅因贫而助，而是因助而助人才助。爱心绝对不是无条件的，爱心要对社会负责。爱心会让我们懂得生命价值的真谛，也懂得了生命的价值所在。

让世界充满爱

爱在每个人的生活中应该是一个不可缺少的重要元素。它就像蜜一样的甜；像薄荷一样的润喉；像春雨一样的润心；像盛开的鲜花一样赏心悦目……在爱的海洋里人们很容易陶醉其中，忘乎所以。世间的爱有许多种，母爱是伟大的；父爱是豪迈的；朋友之爱是热情洋溢的；亲情之爱是温馨的；恋人之爱是醉人的……人的一生会或多或少品尝许多的爱，有时人对爱的理解不同渴求也就有所不同。其实，让世界充满爱是人类永恒不懈的追求。

"让世界充满爱"这句话给人的体会的确很深，因为在我们身边，就有实现这个理想的一大群人，父母的关爱，朋友的友爱，集体的温暖，无不使我们感动。

可是，当一个人需要关怀，需要别人向他伸出援手，付出爱的时候，却没人理睬他，他有多痛苦！就算你家财万贯、事业有成、有着天使脸孔，却不愿为一些需要一点点帮助的人送出关怀，活着有什么意思？就算你拥有世间财富、丰功伟绩、花容月貌，但走到哪里别人向你投来异样的眼光，这眼光不是羡慕、赞许，而是嫉恨、厌恶，活着又有什么意思呢？帮助人是快乐的，世界需要爱，有爱让人不再觉得世界冷漠，让人不觉得孤单，共同的追求，共同的期待，充满爱的世界是我们心中的理想世界。

有许多人知道郭峰的成名作《让世界充满爱》，但也许很少有人知道《让世界充满爱》这部八十年代的电影。电影讲述的一个出租车司机撞死了人，没有敢去自首，而是把内心的愧疚和无限的爱献给了死者的家人，当然，他最终并没有逃脱法律的制裁。电影的作曲就是郭峰，《让世界充满爱》这首歌就是他为这部电影写的主题曲。

这世界上的每一个生命都属于我们地球家园，善待每一个生命就是善待我们自己。让世界充满爱！让我们爱每一个人，每一个生命！其实在我们的生活中，爱，永远是我们亘古不变所谈论的话题，不是因为什么，而是，爱的确在平凡的生命里给了我们太多的感动。

世上有许多爱，圣洁如母爱，拳拳如父爱，坚贞如钟爱，伟大如博爱……天下之爱，可谓一个字——爱！大爱，小爱等等等等。

爱是一个极其温暖的字眼，而这个世界正是有了这种爱，才会谱写了那么多的善良，那么多的感动。如果人们都能关心你身边人，对朋友、同学、同事多一些交流、多一些关心、多一些帮助，也许悲剧就不会再发生，世界也更加美好！

在电影《让世界充满爱》中，主题歌的演唱汇聚当时最红的明星，有数十人之众，费翔、成方圆、刘欢、韦唯、张伟进、付笛生、景岗山等等，只能记得起这些了。现在这首歌的原版很难在网上找到，只能找到新版的。原版也好，新版也罢，不变的是同一首歌，不变的是动听的旋律和传达的真情！我们真应该一点一滴，从身边的小事做起，去共同唱响这首《让世界充满爱》！

世间的"爱"是永恒的，是不变的，是永存于世的。爱是不朽的！

一篇感人的文章，一个善意的微笑，一段动人的描述，一片暖人的爱心，在这个如今家门一关，左右邻舍是谁全然不知，亲情淡薄，朋友互防，坦然与真诚锐减的世纪里，让我们总是不禁的想起一些关于爱的话题。

有本名叫《爱的教育》的书，使人备受感动。《爱的教育》采用日记体的形式，讲述一个叫恩利科的小男孩成长的故事，记录了他一年之内在学校、家庭、社会的所见所闻。它用爱塑造人，引导我们永远保持一颗勇于进取而善良真诚的心，爱祖国、爱人民、同情人民的一切不幸与苦难。小男孩卡罗内是个同情弱小的人，经常斥责甚至动手打那些欺负别人的同学；还有一个年仅 11 岁的爱国少年，为了祖国的尊严而拒绝施舍；还有为救小学生而被车压碎了脚骨头的洛贝谛；还有……这些故事使我从中感受到我们是多么需要互相关心，互相帮助啊！而这些关心，帮助都是出自一种情怀——那就是爱。在我们周围，也有许多爱，老师的爱，父母的爱，同学之间的爱……但是，只有人人都做到爱，这个社会才能进步，世界才会更加美好。

生命的目的在爱人。我们做人到底拥有多少成功和快乐，这要取决于我们到底付出了多少爱，又有多少人在爱我们。做人最博大的自由是爱，做人最富有的财产也是爱。爱的成就无限宽广，因为它能到达一切才智难以到达的心灵彼岸。

爱人者，人恒爱之；敬人者，人恒敬之。爱是一种活动的情感，不是静止的物体。爱是我们生活中一种很特殊的经验，要想拥有它，最佳办法是把它施舍给别人。诚如法国哲学家居友所说："我们每个人都有很多的同情、很多的爱心，比维持我们生存所需要的多得多，我们应该把它施舍给别人，这就是使生命开了花。"

我们生活的环境不是完美无憾的，我们生存的世界需要更多的人用更博大的爱去包容它。当我们在失落的边缘徘徊时，一句亲切的问候与最真诚的关怀是风雨之后的一道彩虹；当我们在与病魔抗争之时，一句贴心的鼓励便是寒风凛冽中最和煦的一缕春风；当我们失去家人与朋友的视而不见时，一声"朋友"是抚慰他们受伤心灵最有效的良剂……这个世界需要爱，也正是爱搭建起了人与人之间最贴近的桥梁，构造出了一个完美和谐的社会。爱，滋润着我们每一个人，它让我们感到温馨而快乐，让我们远离冰冷与痛苦，让我们在绝望中看到希望。正因为如此，我们肩负的责任更加重大，我们的权利让我们获得了爱，而更多的是我们有义务与责任把爱的种子播撒在世界的每一个角落，让世界处处有爱。

当我们走过泥泞，走过坎坷，留下的不是痛苦和辛酸，而是从关爱中感受到的甜蜜与温暖。爱，似石上的清泉，荡涤着人的灵魂；爱，似一缕清风，吹拂着人的心灵；爱，似皎洁的月光，柔柔地，亲切地洒满人间。

回顾过去，南丁·格尔驭风而翔，为世间播撒爱的种子，护士节成了永久的纪念；鲁迅，弃医从文，唤醒了沉睡的中国，"俯首甘为孺子牛"的精神永不羽化；放眼今朝，人民教师殷雪梅的言行熠熠生辉，她用自己的生命把爱洒向人间；歌手丛飞一生所愿，就是把这永恒的爱心传播下去，让世界充满爱……

爱是人性绽放的最美的花朵

爱是人性绽放的最美的花朵，是人用高贵的灵魂织成的秀美锦缎。

安妮·莎利文老师为海伦·凯勒揭开了世界万物之谜，造就了一个令世界瞩目的作家和教育家。是安妮用爱的活水唤起了海伦搏击风浪的勇气，让她在"光明"的世界中走过无数辉煌的岁月。"你触摸不到云彩，但你却能感觉到雨水以及在一天曝晒之后，花和饥渴的大地在得到雨水时的那种欢乐！爱也是摸不到的，但你却能感到她倾泻在万物身上的温甜。"安妮就是这样将爱植于海伦心中。爱是美德的种子，它又通过海伦的双手将开出的花朵装点了世界，美化了人间。

我们的爱心，可以装饰别人的梦，也能教会别人如何去爱，若我们每个人都能尽自己最大能力为这世界奉献自己的一片爱心，那么这个世界将会减少许多忧伤和怨叹！因为有爱，让我们的世界变的温暖，爱，让我们的生活充满激情；爱，让我们的心中有了理解；让我们去创造一个美好的世界，向身边需要帮助的人伸出援手，让爱荡漾在我们的身边。希望《让世界充满爱》吹遍世界的每个角落，唤起更多人的为"让世界充满爱"这个目标贡献力量！

热爱生活吧，相信未来会更加美好，让我们共同期待这世界充满爱！让爱驻留在我们每一个人的心灵深处。

9. 大度能容他人难容之事

古语说："将军额上跑白马，宰相肚里能撑船。"这句话道出了豁达之人的肚量。

一个人是否具有"豁达大度"之心胸并非小事。它不但关系到自己的工作、学习乃至自己的生命和健康，而且关系到事业的兴衰与成败。

我们生活在社会群体中，人与人之间发生矛盾、产生误解是常有的事。如何处理好这方面的问题，我们的祖先留下许多闪光的思想和可供借鉴的经验。明代朱衮在《观微子》中说过："君子忍人所不能忍，容人所不能容，处人所不能处。"以宽厚的态度待人，并非软弱无能，而是自信的表现，是正义的行为。尤其是"以德报怨"的高风亮节，可以使人反躬自问，心悦诚服。史书上记载了许多"以德报怨"的感人故事。

梁国有个叫宋就的人，在一个边县当县令，这县和楚国交界。梁国的边亭和楚国的边亭都种瓜。梁亭的人勤劳，多次浇灌，瓜的长势很好。楚亭的人很懒惰，不常浇灌，瓜长得不好。楚令因梁瓜长得好，恼恨自己的瓜长得不好。楚亭人也恼恨梁亭人比自己强，因此夜间就偷偷地去毁坏梁亭的瓜，把瓜藤都给糟蹋了。梁亭人发现后，就去请示他们的县尉，也想进行报复，偷偷地毁坏楚亭的瓜藤。县尉请示宋就，宋就说："怎么可以这样干呢！和人结怨，是招祸的行径。人家对我们不好，我们对人家也不好，这是多么狭隘呢！你们若听我的教导，就每夜派人偷偷地去为楚亭浇瓜，不要让他们知道。"于是，梁亭人就星夜偷偷地去浇灌楚亭的瓜。楚亭的人早上到瓜地一看，都已浇过了，瓜的长势一天比一天好。楚亭的人很奇怪，就去注意观察，原来是梁亭人干的。楚国的县令听说了，非常高兴，就把这事报告了楚王。楚王听说后，感到很惭愧，就用重礼对梁王表示感谢，并请交好。

《续汉书》中记载了曹腾的父亲曹阴"以德报怨"的故事：他的邻居喂了头猪，长得和曹家喂的猪模样相似。有一天，邻家的猪跑丢了，他便到曹家来认，说曹家这头猪就是他家丢的那头猪。曹阴心里知道他搞错了，却不和他争辩，二话没说，就让他把猪牵走了。后来，邻家的猪又自己跑回来了，他这才知道弄错了，心中很惭愧，赶忙把猪赶还曹家，这时曹阴仍是二话没说，只是微笑着接受了。曹阴的态度和气量，对丢猪的邻居是一种无声的感染和教育。

有的人遇事想不开，甚至为芝麻粒那么大点事，也吃不好饭、睡不好觉，自己折磨自己。也有的人觉得谦让"吃亏"、"窝囊"，因而在非原则矛盾面前，总以强硬的态度出现，甚至大动干戈，结果非但不能使矛盾缓解，而且丢了自己的人格。因而，每一个人都应培养自己"豁达大度"的美德。

大度能容，和以处众，是在人际交往中高素质的表现。有一句话说：忍一时风平浪静，退一步海阔天空。说明在为人处世，人际交往之中，当以宽大为怀，忍己心之不快，宽他人之小过，是为君子风度，也是交际素质的最全面展现。

多一份宽容，就多一份快乐；多一份宽容，也就多一份真诚。

在人际交往中，保持宽大的胸怀，全面展现自身的交友素质，这样你就会获得朋友，就会在人生事业上添加一臂之力。

交友并非一厢情愿，而是相互理解、相互宽容。对方让一分，自己让十分，滴水之恩，当涌泉相报。当然这一点在实际中做起来非常不易，它对人的素质提出了较高的要求，不具备这种素质或是不能展现自身素质的人，都做不到这一点，对方给予了，自己却不能付出，这样当然也不会结成好朋友。

对朋友宽容是指对朋友的人生观、价值观、信仰及思想认识、言论等给予充分的理解和尊重。既允许朋友的个性差异，也要以宽容为怀，原谅别人。

其次是目光高远。一个目光高远的人，就能从全局、从国家利益来考虑问题，就能置区区小事于不顾。唐代王之涣的《登鹳雀楼》就阐明了"登高望远与博大胸襟"的道理。诗曰："白日依山尽，黄河入海流。欲穷千里目，更上一层楼。"诗的字里行间闪烁着哲理的光辉：站得愈高，看得愈远。启示人们：做任何事情，只有目光高远，才能看得广阔，才能心胸开阔。

再次是要克己忍让。在社会交往中，总会遇到一些不"仁义"之事。如果自己总是耿耿于怀，那不是自寻烦恼，自己难为自己吗？同志之间发生了矛盾、误会，需要有一点克己忍让精神，并不是比别人矮了半截，而是体现了自己的高风亮节。

当然，忍让总有个"度"，这个"度"就是最终不损害国家和民族的利益。离开了这个"度"，无原则的忍让和妥协，那是必将导致国家和民族利益的损害，这是社会所不容的。

世界上最宽阔的东西是海洋，比海洋更宽阔的是天空，比天空更宽阔的是人的胸怀。男人应该大度能容，和以处众。

10. 无欲则刚，抵御诱惑

壁立千仞，无欲则刚。一个人若能去除私欲，就能无所畏惧；无所畏惧，就能一身正气，刚直不阿，办事公道，成就事业。

"无欲则刚"的"欲"，乃"欲望"之欲。欲望的意思是"想得到某种东西或想达到某种目的的要求"。

欲是人的一种生理本能。人要生活下去，就会有各种各样的"欲"：饿了有食欲，渴了有饮欲，困了有睡欲，冷了有暖欲，缺东西用时有物欲，情窦初开时有情欲。

但是，凡事总要有个尺度。欲望多了、大了，就要生贪心；欲望过多过大，必然欲壑难填。贪求私欲者往往被财欲、物欲、色欲、权欲等等迷住心窍，攫求不已，终至纵欲成灾。

贪求私欲的危害实在太大了。《韩非子·解老》说："有欲甚，则邪心胜。"私欲太多，邪恶的心思便占上风。《刘子·防欲》说："欲炽则身亡。"私欲太强烈了，会使人丧命。《慎言·见闻篇》说："贪欲者，众恶之本。"把贪求私欲作为一切罪恶的根源。贪欲，不知吞食了多少无辜良善，又不知使多少人作茧自缚，名败身亡。贪欲还能祸国乱天下。唐玄宗李隆基在位前期，励精图治，将唐王朝推上盛世的顶点，这就是历史上有名的"开元之治""天宝盛世"。后来，他穷奢极欲，享乐无度，宠幸杨贵妃，从而导致了延续八年的"安史之乱"，致使生灵涂炭，山河失色，唐王朝由此转盛而衰。

中国传统文化强调"义以为上"、"见义勇为"、"杀身成仁"，即要有为了坚持正义敢于牺牲个人一切的精神。而刚直不阿的品德，则是这种精神的体现，也是古今贤人在道德修养方面所追求的目标。林则徐曾手书一副自勉堂联："海纳百川，有容乃大；壁立千仞，无欲则刚。"上联告诫自己广泛听取各种不同意见，下联砥砺自己杜绝私欲，做刚直不阿的好官。

《后汉书·酷吏列传》记载，董宣任京都洛阳令时，湖阳公主（汉光武帝刘秀的姐姐）的家奴，无端打死卖唱的父女二人，董宣智捕凶犯，就地正法。公主告到刘秀那里，刘秀要将董宣乱棍打死，董宣陈述情由后，"以头击楹"欲自尽。刘秀见状，又让太监搀架董宣，强迫他向公主磕头谢罪，而董宣"两手据地，终不肯俯"。刘秀见他铁骨铮铮，称之为"强项令"，即刚正倔强，不可使之低头屈从的县令。董宣的"刚"，源于"无欲"。他一心秉公，不惜生命，不恋官位，至于生活，更是俭朴，74岁时死于任上，"布被覆尸"，家中仅有一辆破车和几斛大麦而已。

今天，面对错综复杂的大千世界，面对来自各方的种种诱惑，男人将何以处之？"无欲则刚"这一警语可作为立身行事的指南。"人若无欲品自高。"就是说，人若没有私欲，品格自然高峻洁清，不染尘泥。社会上还存在着假、恶、丑现象，纯洁社会、净化风气则是我们要担负起来的一项长期的重要任务。对此，我们青少年责无旁贷，当仁不让。"无欲则刚"的操守，将使我们能在障眼的迷雾中辨明方向，

勇往直前；将使我们在与邪恶的斗争中伸张正义，克敌制胜。"无欲则刚"，使人如同苍松翠柏，不怕乌云翻卷，不怕雨暴风狂，挺立世间，永不摧折。

11. 努力忘记他人的过错

曾有人说：天下没有全才，也没有废才；天下没有不犯过错的人，也没有一无是处的人。人才要量才而取，并能取长补短，这才是一个真正的男人容人、用人的准则，也是体现一个男人豪气与度量的重要方式。

拿破仑在这一点上深得要领。凡是他需要用的人才，都尽力设法招揽，即使在敌方的阵营中，也要想方设法使他跳到自己的阵营来。有几位仇恨他的军官，也是拿破仑最为看重的将领，他想办法轮流调用，如圣西尔、利科布、马克多奈尔。拿破仑"用人不为私人的愤怒仇怨而牺牲其政策的需要"，可以说是拿破仑深谙事业成功秘诀的要领。

陆宣公在他的《奏议》中说："史书中叙说项羽之所以失天下的原因时说：'对于有功的人无所设立，对于有过的人无所遗漏。'管仲论鲍叔牙之所以不能挑相国的重担，就在于'听到他人的过错，终身不忘记'。"又说："驱驾扰驯，仅在于驭手的本领。早上还是称凶逆，晚上就可以称忠纯；开始做贼寇，最终做卿相。知道陈平没有好形迹，也不舍弃，忿怒韩信自封王就封王，蒯通以理论获赦免，雍齿以积恨先受赏。这是高祖之所以成就帝业的方面。放弃射钩之罪而任用他的才能，放弃斩首的怨恨以免于难，这是齐桓公之所以称霸立业的方面。然而就当事者而言，虽有罪恶也不得不宽容。根据情况的适宜，虽是大仇敌也不得不任用。"

106

这段宏论评论的是领导人物应该处世大度的至言。

"大丈夫应当容人，不要被人所容。"孙中山先生的气度也是宏大的。常人只知道他人的见解和行为是错误的、褊狭的、幼稚的，而不知道自己也会采取同样的态度，几乎与别人同出一辙。

忘记他人的过错是有好处的，它可以使你正视他人的长处，并加以运用。有志成功的男人不妨一试，努力忘记他人的过错。

12. 坦然接受他人的批评

"人非圣人，孰能无过？"只要你活着，势必会受到各种各样的批评，尤其是对你期望愈高的人便愈会指责你。有时，即使数千数百年前活着的人，同样得承受后人的无数指责和批评。

别人之所以前来对你进行批评和指责，必定是以他的思维逻辑认定了你错，并且使他们不满意。一则常常是因为责任，二则可能是因为习惯，会使别人对你的不满如骨鲠在喉，不吐不快。既然别人找上门来提意见，对方必定以为你会或是应该接受他们的意见，此刻他们可能正处于感情冲动之中，如果你勃然大怒，把对方羞辱一番或加以反向指责，那么一场循环指责也就这么开始了。通常，这是绝无善终的，无论对方是谁，你都已经将他得罪，并且还败坏了自己的形象和好声誉。

停止这种恶性循环的惟一方法是，在面对别人的指责时，尽量超脱一些。此刻只需记住对方所提批评的要点，以后考虑。别在当时作出任何反应，更必须过滤对方指责中的感情性东西——充耳不闻，避免使它们刺激你的神经，使你失去理智。既然别人是深思熟虑而后提出了批评，你也理应有个考虑，对方不可能因此而对你不满意，相反，他们可能会更感安慰。"你的意见很好，能不能让我考虑考虑？"这也

许是在面对指责时的最佳答复。

面对批评，应当按下面的原则去处理：

①尽量使来者坐下面谈，这样可以大大缓和紧张空气。给对方沏杯茶会更加减少其单纯的不满情绪，也免使自己受到刺激。

②别表现出强烈的厌烦，更不要愤然拒绝批评而离去，这会显得你没有肚量，即使是"过分"的指责，你也应耐着性子听。

③无论如何别打断对方的讲话，相反要鼓励对方把话说完，这可以更有效地使对方变得平静，而你也可以心气和平。

④不要跟一个感情冲动的批评者争论，不要去指责对方言语中的失误或失实。因为有时对方前来，只不过是要发泄一下不满情绪——他想提出的要求。分明无法做到，也不是你个人的过失，此时你若与之相争，则会使问题变得更糟。

⑤绝不要在未听完对方的指责之前就表态，但面对情绪激动的来者一再表示道歉，常可使对方反而语塞。

⑥换一句话把对方的意见说出来，表示你不仅认真听了他的指责，而且态度诚恳。如此则不论你是否准备接受对方的批评，都会使之感到满意。

学会艺术性地对待批评，也是使自己在公众面前树立一个"虚怀若谷"的好形象的好时机。即使对指责你的人心怀恶恨，你也最好在他们的指责面前不要做声。

公众舆论总是同情弱者，"脾气好"的人必定会处处受人欢迎，而苛刻的指责者则会在公众面前成为你的陪衬品，被更多的人在心中指责。男人应该坦然接受他人的批评。

第三章

学生的健康心态教育培养

1. 培养积极乐观的心态

成功人士的首要标志就是他的积极心态，每一个成功人士的心态都是积极的、乐观的。如果一个人能够积极的面对人生，乐观的接受挑战和应付困难，那他就成功了一半。青少年在学习的过程中，或是在以后的人生道路上，都难免会遇到困难和挫折。在这个时候，只有保持积极乐观的态度，才能战胜困难，才能在学业上和事业上取得成功。只有让这种积极的心态一直处于巅峰状态，才能让自己有着用不完的超强行动力，才能让自己所向披靡，无所不能！

挫折是上帝的恩赐

一直以来，人们欣赏无所畏惧的英雄，歌颂征战沙场的勇士。面对挫折，有些人是坦然面对、倍加珍惜，把挫折视为人生路上不懈动力。勇敢的接受上帝的微笑，因为是成功路上上帝给我们的恩赐。挫折是人生旅途上一座七彩桥，无论有多少沟沟坎坎，有了这座桥，你便可以顺利的跨越，步入理想的自由王国，实现人生的价值和辉煌。

对于青少年来说，能够正确面对挫折就显得尤为重要。挫折也是人生旅途上的一块巨石，利用它，你可在砥砺精神的刀锋，开掘生命的金矿，从自信、乐观、勇敢、诚实、坚韧之中找到人生的方向。

人生中遇到挫折就像大自然中的刮风下雨，谁都无法避免。有的人，被风雨击倒了，被挫折征服了，被困难吓倒了，他的人生从此就变得灰暗了。而有的人，接受了风雨的洗礼，经历了挫折的磨练，战败了困难的挑战，他的人生从此便一片光明。

世界上最伟大的音乐家——贝多芬一生创作出大量流传千古的交响乐，一直被后人称为"交响乐之王"。但贝多芬的一生充满了痛苦：父亲的酗酒和母亲的早逝，使他从小失去了童年的幸福。当别人家的

孩子还在无忧无虑地享受欢乐和爱抚的时候，他却必须得像大人一样承担起整个家庭的重任，并且成功地维持了这个差点陷入破灭的家庭。

也许是屋漏偏逢连夜雨，也许是祸不单行的缘故。正处于青春年华的贝多芬，他失意孤独；也正当他步入创造力鼎盛的中年时，他又患耳疾，双耳失聪。对于一个音乐家来说，还有比突然耳聋的打击更沉重的吗？贝多芬一生中几次濒于崩溃的境地，他在三十二岁时就写下了令人心碎的遗嘱。但他顽强地战胜了命运的打击，他大声呼喊："我要扼住命运的咽喉，它决不能把我完全摧倒。"即便是在困难重重最痛苦的时候，他还是凭着自己的坚强斗志完成了清明恬静但又激昂奋斗的《第二交响曲》。

贝多芬一生历经无数挫折磨难，但是，每一次痛苦和哀伤在经过他的搏击和战斗后，都化为欢乐的音符，谱写成壮丽的乐章。一个饱经沧桑和不幸的人，却终生讴歌欢乐，鼓舞人们勇敢向上，这是何等超人的勇气，何等坚毅的精神，何等伟大的人格！在贝多芬的日记里，永远记着一句话，那就是："谁想收获欢乐，那就得播种眼泪。"的确，贝多芬的一生，本身就是一部同世界、同命运、同自己的灵魂进行不懈斗争的雄浑宏伟的交响曲。

其实贝多芬的故事无不在向我们说着这样一个道理：这个世界，确实存在太多问题，也许有太多不如意，但是生活还是要继续。无论面临什么样的挫折，都可以看作是上帝给予的恩赐，目的是要锻炼自己。古人云：天将降大任于斯人也，必先苦其心志。心里充满阳光，世界也会充满阳光。也就是说每个人的一生中都会有困难和挫折；唯有抱着积极的态度，才能战胜挫折。

在遭遇挫折、面对困难，尤其是青少年，没有必要停滞不前、意志消沉。如同一个突遇风雨的登山者，对于风雨，逃避它，你只有被卷入洪流；迎向它，你却能获得生存。经历过挫折，生命也就会平添

了一份色彩，多一份磨练，就多一段乐章。多一份精神食粮和财富。历经挫折的人，更知道怎样去珍惜生活，更明白生活蕴含的哲理。因为挫折是一道迷人的风景，永远装点奋发的人生。

"每个人在生活当中，都会不可避免地遇到一些挫折困难。对此，作为青少年决不能低头，而应以一种积极的心态，理智、客观地分析挫折产生的原因，并采取恰当的方法来克服挫折。感谢挫折，生活因此而丰富，人生的体验依次而深刻，生命也因此而更趋完美。不经历风雨怎么见彩虹。其实没有人能够随随便便成功，只要我们以积极健康的心态去面对困难和挫折，就可以做到"不在失败中倒下，而在挫折中奋起。"没有登不上的山峰，也没有淌不过去的河流。"

所以对于家长来说，逆境是磨练孩子毅力和意志的运动场。对挫折采取不同的态度，可能会对孩子个性的形成产生截然不同的结果。人总是跨过了无数道沟沟坎坎，越上一级级人生"台阶"，才能体验"一揽众山小"的人生修炼。身为父母，可不能错过培养孩子"逆境商"的这一阶段。

胜不骄败不馁，笑对人生

胜而不骄，看见的将是更远处的风景。人不但要有自卑心，同时也要有必胜的信心，这样才能成功时不骄傲，失败时不气馁，正所谓的胜而不骄败而不馁。人只有这样才能发展才能前进。

巴尔扎克说过："苦难对于天才是块垫脚石，对能干的人是财富，对弱者是一个万丈深渊。"我们要做生活的强者，将挫折作为对自己的激励，每天都保持乐观；总之，笑对人生，这样就终能获得成功。决定一个人成功与否的关键因素，是看你如何对待失败。任何希望成功的人，必须找到战胜失败、继续前进的法宝。不然，失败必然导致失望，而失望往往会让人一蹶不振。

成功者不是一开始创业就取得成功的，他可能要面对许多次失败；

在失败面前，要经得住考验。有人说，请记住，成功只不过是爬起来比倒下去多一次而已。因为成功者有一个共同的特点，他们总是积极地思维。实践证明，只有积极地思维，才能找到希望。所以，你必须要做一个积极的思维者，从中让你自己靠近成功，进而最终取得成功。"兵败如山倒"，我们常因为一步走错，而方寸大乱。风声鹤唳、草木皆兵。其实如果我们能稳定阵脚，下一步未尝不是新的开始。失败为成功之母，问题是我们能不能痛定思痛，沉着振作。所以胜而不骄，固然可喜，败而不馁更为重要。青少年更要从小培养这种精神。

　　一位苏格兰王子在看蜘蛛结网时突然明白了人生的真谛。可怜的蜘蛛结一次不成，就掉下来一次。屡败屡战、屡下屡上，直至掉下来七次，终于结成了网。人生何尝不是如此？危机与生机，失望与希望，消极与积极，从来都是交织在一起的。其间，一定会有后退，会有逆境。但勇士恰恰是在后退的逆境中依然奋进者。

　　所以对于人生来说，更是如此，只有把握好自己的心态，做到胜而不骄，败而不馁，那么你就是一个成功的人。英国首相劳合·乔治有一个习惯——随手关上身后的门。有一天，乔治和朋友在院子里散步，他们每经过一扇门，乔治总是随手把门关上。朋友很纳闷地问："你有必要把这些门都关上吗？"

　　"嗯，当然有这个必要。"乔治微笑着对朋友说："我这一生都在关我身后的门，你知道，这是必须做的事。当你关门时也将过去的一切留在后面，不管是美好的成绩，还是让人懊恼的失误，然后你又可以重新开始。"

　　朋友听后陷入了沉思。乔治正是凭着这种精神一步一步走向了成功，踏上了英国首相的位置。

　　"我这一生都在关我身后的门！"多么经典的一句话。的确，要想成为一个快乐成功的人，最重要的一点就是随手关上身后的门，不沉湎于过去的失败，不夸耀以前的成功，一直向前看。

胜而不骄，败而不馁，就是胜者。埃·哈伯德曾这样说过，而这句话告诉我们，失败而不气馁，最终成为胜者，在青少年的生活学习中，其实都会面对失败，有些人面对失败，就失去信心、勇气，不敢尝试下去，最终成为失败者。而有些人面对失败而不气馁，他明白失败乃成功之母，跌倒了再爬起来勇往直前，最终成为胜者。所以我们要想成为胜者，就要敢于面对失败，克服困难。

曾经，巴西人认为自己的国家队一定能获本次世界杯赛的冠军。然而，天有不测风云，在半决赛中巴西却意外地败给了对手，结果那个金灿灿的奖杯没有被带回巴西。球员们悲痛至极，他们做好思想准备，以迎接球迷的辱骂、嘲笑和汽水瓶。要知道足球可是巴西的国魂。飞机进入巴西领空，他们坐立不安，因为他们的心里清楚，这次回国凶多吉少。可是，当飞机降落在首都机场的时候，映入他们眼帘的却是另一种景象：总统和两万多球迷默默地站在机场上，他们看到总统和球迷共举着一大横幅，上面写着：失败了也要昂首挺胸。

队员们见此情景，顿时泪流满面。四年后，巴西队捧回了世界杯。同样，精明的温州人知道，只要你能够站起来，你的倒下就不算是最终失败。但重要的是，一定要从失败中汲取经验教训。

一件事就像一首歌，而失败往往是这件事的前奏，只要心里想着"败而不馁就是胜者"这句名言，笑着面对困难，美妙的歌声就会向你传来。这则故事无不在向我们说着，只要跨过了重重困难，从失败的阴影中走了出来，就能找到了通往成功大门的金钥匙。而人生充满痛苦与磨难。磨难是福，是人生摆脱贫瘠的契机。人生不足畏，没有经历过坎坷磨难的人生，永远领略不到奇异的风景，永远不会走向成熟与深刻。瑰丽雄奇的风景都在常人难及的深谷山巅之处。所以，我们要笑对人生，这是人生的基石。我们要有一颗平淡的心，既不因暂时的成功而沾沾自喜，骄傲不前；也不能怨天尤人，宿命论只是意志

薄弱者的借口，命运的纤绳永远掌握在自己手中。

人生不可能总是一帆风顺，难免要磕磕绊绊，失败之后我们需要什么？不是无穷无尽的烦恼，不是灰心丧气的绝望，而是微笑，从心底发出的对自己的微笑，鼓励自己，鞭策自己，不断看到希望，不断向前奋进。

2. 点燃自信之火

每个人都有自己的信念。信念是一种原则和信仰，让人们明了人生的意义和方向；信念是人人可以支取的力量源泉，且取之不尽；信念像一张早已安置好的滤网，过滤大家所看的世界；信念也像脑子的指挥中枢，指挥大家的脑子，照着大家所相信的去看事情的变化。

自古以来，不知有多少思想家、传教士和教育者都已经一再强调信心和意志的重要性，但他们都没有明确指出：信心与意志是一种心理状态，是一种可以用自我暗示和坚持锻炼出来的积极的心理状态！

成功始于觉醒，心态决定命运！这是希尔·斯通等成功学大师的伟大发现，是成功心理学的卓越贡献。成功心理、积极心态的核心就是自信主动意识，或者称积极的自我意识，而自信意识的来源和成果就是经常有心理上进行积极的自我暗示。反之也一样，消极心态、自卑意识就是经常在心理上进行消极的自我暗示。也就是说，不同的意识与心态会有不同的心理暗示，而心理暗示的不同也是形成不同的意识与心态的根源。所以说心态决定命运，正是以心理暗示决定行为这个事实为依据的。

斯通说："一个人只要有自信。那么他就能成为他希望成功的那样的人。"

自信，是每个人内心深处的生命之火。只有将内心深处的自信之火点燃，生命才会光明和灿烂。所以，作为男人，应当点燃自己内心深处的自信之火。具体而言应该做到如下几个步骤。

确定你的理想及起跑线

成功人生,首先应当确定自己的理想和起跑线。这对每个人的成功都极其重要。没有理想,就没有前进的方向;没有起跑线,就无从规划自己的航程。有时,一个人有了地图和指南针仍然会无可奈何地迷失方向。只有当你知道:你现在所处的位置时,地图和指南针才能发挥作用。

把目标清楚地表述出来

任何成功都起始于正确目标的导引。人生中同样也需要有某样东西来给你明确的指引,帮助你集中精力于你的目标。这东西只能由你自己提供,别人无法代劳。

使自己能集中精力的最佳办法,是把自己的人生目标清楚地表述出来。说到底,每个人都希望发现自己的人生目标,并为实现这个目标而生活。把人生目标清楚表述出来,能助你时时集中精力,发挥出高效率。在表述你的人生目标时,要以你的梦想和个人的信念作为基础,这样做,有助于你把目标定得具体可行。

行动起来

你可以界定你的人生目标,认真制定各个时期的目标。但如果你不行动,还是会一事无成。如果你不行动,再美好的目标也无法实现。

苦思冥想,谋划如何有所成就,是不能代替身体力行去实践的。没有行动的人只是在做白日梦。

定期评估计划执行情况

定期评估进展,是跟行动同等重要的。随着你计划的进展,你有时会发现你的短期目标并未能使你向长期目标靠拢。或者,你可能发现你当初的目标不怎么现实。又或者你会觉得你的长期目标中有一个并不符合你的理想及人生的最终目标。无论是何种情况,你需要作出调整。你对制定目标越陌生,越可能估计失误,就越需要重新评估及

调整你的目标。

有些人会犯的另外一个错误是走到岔道上了。这些人制定了目标，也写下了要达到目标必须做的事情，然后把那些指导方针全忘了。有个办法能防止这种事情发生，你可以把这句话贴在办公室："我现在做的事情会使我更接近我的目标吗？"

庆祝已取得的成就

要抽点时间庆祝已取得的成就。拿破仑·希尔说：

"我历来相信奖励制度。当我取得预期的成就时，我奖励自己，小成就小奖，大成就大奖。例如，如果我要连续干几个钟头才能完成某项工作，我会对自己说，做完了就休息，吃点东西，或看场球赛。可是我从来不在完成任务之前就奖励自己。当我取得一项重大成就时，我会把庆祝活动搞得终生难忘。"

你就能更加自信地面对人生，更加自信地生活，更加快速地猎取人生的成功。

当你真正领悟了上述的五大步骤，你就会对自己的人生更加明了。

3. 克服性格缺陷

世界上没有两片相同的树叶，也没有完全相同的两个人，人的性格也是一样，有的人乐观自信，充满活力；有的人卑怯畏缩，唯唯诺诺；还有的人扑朔迷离，行止无端。

克服怯懦的性格缺陷

上帝指土造人，从此这个世界有了男人。在很多人的心目中，男人的形象应该是剽悍无比，勇往直前。其实在现实生活中，很多男人唯唯诺诺，缩头缩尾，表现出怯懦的性格。

作为一种性格缺陷，怯懦的基本表现是：胆小怕事，遇事好退缩，容

易屈从他人,甚至逆来顺受,无反抗精神;进取心差,意志薄弱,害怕困难,在困难面前张皇失措;感情脆弱,经不住挫折和失败。一个人一旦形成怯懦性格后,往往从怀疑自己的能力到不能表现自己的能力,从怯于与人交往到孤僻地自我封闭,从而形成不良的人际关系,不良的人际关系反过来又会加深怯懦。苏霍姆林斯基所指出的"学校病"之一的"精神恐惧病",也是指这种性格缺陷:不及格分数困扰学生,使其精神受到刺激,因而一看到评分就恐惧;由于老师的批评而怕老师,因而一看到老师就恐惧,由于恐惧而不能正常思维,教师的大声训斥,甚至是对别的学生的训斥,都会抑制他的智力活动,因而导致成绩不良。

怯懦性格的产生同家庭溺爱、袒护、娇惯有关,与父母长期的呵斥、打骂也有关,在学校中,没有受到意志力的锻炼也会加重怯懦性格的形成。性格内向、感情脆弱的人倘若得不到适当的锻炼和引导,便容易形成怯懦性格。

怯懦性格一旦形成,并非不可改变。只要正视它,并采取适当的方法,完全可以消除它。

下面是心理学家经过实践验证提供的克服怯懦的方法:

①反条件训练法

反条件训练法就是有意识地创造各种条件多次重复进行登场前的预备演习,以便使语言流畅,临场时能稳定自己的情绪。如,你有开会发言怯场的毛病,那开会之前就先拟好讲稿或提纲,然后自己先念几次。再把你的观点在家人、朋友、同学或同事中自然地说出来,最后在开会讨论发言时,你熟悉了自己所要讲的内容后,语言就流畅了,心情也会因此而镇定。这种训练方法也可以培养认真的习惯。

②自律性训练法

有的时候没有条件事先作充分准备,当你临时出场而感到紧张时,这时必须控制紧张情绪外露,使神态保持自然,身体保持舒适的姿势,

然后以自慰的心理告诉自己："我很舒服，很镇定。"这样自律性的安慰，也可以达到消除过敏、放松心情的效果。

③模仿法

经常注意观察和模仿一些泰然自若、善于交际、活泼开朗的人的言谈举止风度，对照自己的弱点加以克服。根据自己的气质养成自己的风格。

④气氛转换法

在与人交谈或在公众场合发言时，当你从别人的眼神、表现中发现不自然时，千万不要以失败者的心理对待自己，你可以在人们毫不注意时迅速转换话题，使气氛得到缓和。如果你觉得某一阶段连续工作心情过于紧张，那就换换环境，进行适当的娱乐活动和休息，使心情平静，增加活力，以消除因精神疲劳而造成的紧张心理。

总之，只要豁出去，勇敢地暴露自己真实的自我，当有了成功的体验时，怯懦从此便会消失。

有怯懦性格并不可怕，关键是有没有克服它的勇气。作为男人，应该有勇气，有办法克服它。只要勇敢地迈出第一步，怯懦将逐渐远离你。

怯懦会使你胆小怕事、逆来顺受、感情脆弱、张皇失措，怀疑自己的能力，怯于与人交往，最后严重地导致自我封闭。战胜怯懦的办法只有一条：勇敢地迈出第一步。

克服拖延的恶习

每个人在自己的一生中，都有着种种的憧憬、种种的理想、种种的计划，如果能够将这一切的憧憬、理想与计划，迅速地加以执行，就能创造人生的辉煌。

而在现实中却恰恰相反，人们往往有了好的计划后，不是去迅速地执行，而是懒得去做，一味地拖延，以致让一开始充满热情的事情冷淡下去，使强项逐渐消失，使计划最后消灭。

拖延是最可怕的敌人，它是时间的窃贼，它还会损坏人的品格，败坏好的机会，劫夺人的自由，使人成为它的奴隶。

希腊神话告诉人们，智慧女神雅典娜是在某一天突然从丘比特的头脑中一跃而出的，跃出之时雅典娜衣冠整齐，没有凌乱现象。同样，某种高尚的理想、有效的思想、宏伟的幻想，也是在某一瞬间从一个人的头脑中跃出的，这些想法刚出现的时候也是很完整的。但有着拖延恶习的人迟迟不去执行，不去使之实现，而是留待将来再去做。

一个生动而强烈的意象、观念突然闪入一位作家的脑际，使他生出一种不可阻遏的冲动——想提起笔来，将那美丽生动的意象、观念记录下来。但那时他或许有些不方便，所以没有立刻就写。那个意象不断地在他脑海中活跃、催促，然而他最终没有行动。后来那意象便逐渐模糊、暗淡了，终于完全消失！

一个神奇美妙的印象突然闪电般地侵入一位艺术家的心间，但是，他不想立刻提起画笔将那不朽的印象绘在画布上。这个印象占据了他全部的心灵，然而他总是不跑进画室埋首挥毫。最后，这幅神奇的图画也会渐渐地从他的心扉上淡去！

其实，这些人都是既懒惰又缺乏意志力的弱者。而那些有能力并且意志坚强的勤勉的人，往往趁着热情最高的时候就立即去把理想付诸实施。

一日有一日的理想和决断，昨日有昨日的事，今日有今日的事，明日有明日的事。今日的理想，今日的决断，今日就要去做，一定不要因为懒惰拖延到明日，因为明日还有新的理想与新的决断。

拖延的习惯往往会妨碍人们做事，因为拖延会摧毁人的创造力。其实，过分的谨慎与缺乏自信都是做事的大忌。有热忱的时候去做一件事，与在热忱消失以后去做一件事，其中的难易苦乐要相差很大。趁着热忱最高的时候，做一件事情往往是一种乐趣，也是比较容易的；但在热情消失后，再去做那件事，往往是一种痛苦，也不易办成。

放着今天的事情不做，非得留到以后去做，其实在这个拖延中所耗去的时间和精力，就足以把今日的工作做好。所以，把今日的事情拖延到明日去做，实际上是很不合算的。有些事情在当初来做会感到快乐、有趣，如果拖延了几个星期再去做，便感到痛苦、艰辛了。比如写信就是一例，一收到来信就回复，是最为容易的，但如果一再拖延，那封信就不容易回复了。因此，许多大公司都规定，一切商业信函必须于当天回复，不能让这些信函搁到第二天。

决断好了的事情拖延着不去做，还往往会对我们产生不良的影响。惟有按照既定计划去执行的人，才能增进自己的品格，才能使他人景仰他的人格。其实，人人都能下决心做大事，但只有少数人能够一以贯之地去执行他的决心，而也只有这少数人是最后的成功者。

命运常常是奇特的，好的机会往往稍纵即逝，犹如昙花一现。如果当时不善加利用，错过之后就后悔莫及。

男人应该极力避免养成拖延的恶习。受到拖延引诱的时候，要振作精神勤奋去做，决不要去做最容易的，而要去做最艰难的，并且坚持做下去。这样，自然就会克服拖延的恶习。

让惰性在自己身上消亡

惰性是每个人身上都时隐时现的"敌人"，除非让惰性"消亡"，否则永远只能是一个平庸者。

对于命运的主宰能力和程度来说，人在达到一定的发展层面之后，特别是进入了享受上的层次之后，就会开始出现动力上的"惰性"，动力越来越不足，逐渐颓废。只有通过强烈的和有效的刺激，达到对人们的动力调动与唤醒，才能消除惰性。

动力的激发方式因国家而异，就美国、日本、中国现在的一些做法而言，长期以来就有三种模式，一种是奖励机制，一种是回报机制，

一种是嫉妒激法机制。这三种模式都可以调动人的积极性（让人听你的话，"听话——能干"是现代社会对人的最基本要求），激活人的内在动力，从而消除惰性。

奖励机制

在以往的做法中,奖励机制主要是物质刺激与精神鼓励两种类型。精神鼓励,就是表彰和宣传以及发给各种荣誉证书,树立良好的社会形象(这很重要,形象也是力量)。现在,世界上许多地方都在用这种方法。另外,就是在物质方面予以奖励,最著名的要算是"诺贝尔奖金"一类的了。

上面说的这两种方式,在现实中,都是复合式操作。就是说,都是精神鼓励与物质刺激两方面相结合的运作方式。当然,这种激励型的奖励式激活方式,也不是没有极限的。不管它具有多么大的奖励份额,归根结底,还都是"封顶式"奖励。也就是说,奖励不可能是"无限的",而人们的野心却是"无限的"。因此对于一些人来说,这种奖励式的激活方式,也还是不愿意接受的。还必须研究出其他的激活方式。

回报机制

就是让你"天天得，天天赚"，支付一点赚到一点，永无止境。可见，强大的回报机制的建立是用以遏制和满足人们的野心的。所谓回报机制就是回报与奉献都有止境。你创造多少,就回报你多少,甚至摆出一副让人"富可敌国"的回报架势（至少在形式上如此）。所谓上不封顶,只要你劳动,只要你创造,国家与市场经济的机制就保障你的劳动所得,让你的劳动所得合法化。"投入—产出—回报",从衣、食、住、行、娱、医、业、安八大方面,予以全面支持。

当然,我们也要强调一点:衣、食、住、行、医、娱、业、安八大方面的回报与存在,也有一个极限,就是:必须遵纪守法,必须是在法律所规定与制约的范围内。

嫉妒激活机制

这是一种舆论导向式的东西。大千世界什么人都有，特别是有一些人，天生就是温饱即可，小富即安，有一点就行，就是不愿意做事，成就一番事业。因此，对于这些人，你必须激发他的"努力和获得的欲望"，让他知道，生活本来是可以更美好的，只要你做出努力，一切会更加美丽，而这才是我们所追求的！让他明白人生的意义所在——让他看到榜样和拥有的力量。

惰性会损毁人的心态，使人萎靡不振。作为男人，应当善于运用各种方式激发自己，让惰性从自己身上消亡，从而活出人生的精彩。

4. 用微笑弹奏生活

人种有国度，语言有度，领土有国度，然而惟有微笑没有国度，它可以瞬间表达你的热情、友好和善意。青少年就像是早上八、九点钟的太阳，更应该把你像太阳一样的笑脸展示出来，把你的热情传递给别人。学会了对自己微笑，就学会了热爱生活；学会了对别人微笑，就学会了珍惜美好；学会了对一切生命微笑，你的人生便处处充满阳光！人生短暂，何不用微笑来弹奏你的美好生活呢？

让微笑伴你成长

你感觉过别人对你的微笑么？心里有什么样的感受呢？微笑，当做一个很细小的动作，给别人无限的温暖，拉进你跟别人之间的距离。让自己会心的一笑，开心的微笑，对自己的心理调节也会起到很大的作用。

微笑让心灵更丰盈，微笑让生命更富有。微笑是一种仪表，一种风度，一种语言，真诚的微笑还给人以尊重、希望、鼓舞、温馨和芬芳，微笑是三月的春风，能将脸上的阴云扫荡；微笑是人间的彩虹能架起友谊的桥梁，微笑是美德的外露；是智慧的展示；微笑更是艺术的符号。

微笑是省力的，又是不易的。说它省力，是因为微笑只需动用13块面部肌肉，而皱眉蹙额需要动用47块面部肌肉；说它不易，是因为微笑来自爱心真情，来自宽阔胸襟，需要一定的修养和长期的坚持。所以，学会微笑应该成为青少年成长道路上的一个必修课。

可以说，微笑是世界上最美的行为语言，虽然无声，但最能打动人。在青少年成长的道路上，必不可少的一件东西就是微笑，也唯有微笑能够化解人与人之间的仇恨。所谓一笑解千仇，说的就是这个道理，所以青少年应该学会微笑，因为也只有微笑才会让人感觉到温暖。

5. 以微笑彰显气质

据说，人在笑的时候，要使用13块面部肌肉，而在皱眉蹙额时，则要使用47块面部肌肉。正因为如此，所以谁都会觉得笑的时候快乐而且自然。

整日愁眉苦脸的人，可以说没有意识到自己忽视了一个最有魅力的特点。出生两个月的婴儿，见了母亲的微笑就会露出笑脸；到了5个月时，看到母亲皱眉头时，他们就会哭泣；进入托儿所和幼儿园后，他们的心情也随环境的改变而改变。总之，孩子在出生后所接触的，如果全是温和、开朗、具有幸福感、经常保持微笑的人，这对于他们性格的形成，无疑是十分重要的。

其他人即使用锐利的目光看自己，也不要以眼还眼，而应该报之以微笑。对于生性乖僻、腼腆的人，我们若能笑脸相迎，相互间的隔阂就会消除，对方紧绷着的脸就会很快地松弛下来，并露出笑容。这种微笑或笑脸，好比是投向水面的小石块，能不断地增加和扩大亲切友好的涟漪。

不过，笑也有各种各样的笑：既有浮泛、冷淡、带有侮辱性的假笑，也有亲切、明快的微笑，另外还有纯粹是出于礼仪需要的笑，和像做生意似的考虑利害得失的笑，等等。这些笑，基本上取决于一个人所处的心理状态。真正的微笑，首先需要内心的真诚，也就是说，

它必须产生于想助人这种真诚的愿望。机械的、习惯性的、完全是做做样子的微笑，只不过是颜面神经的一种"惯性"而已。一个人通过训练，虽然能够笑得很优美，可是内心如果并不真正想笑，那么他的笑肯定感染不了人。

一位心理学家曾经说过："行为基本上产生于情感之后。可是实际上，行为与情感是形影不离的。我们可以通过制约受意志直接支配的行为，来间接地调节不受意志控制的情感。"所以一个人若能笑得赏心悦目、神采飞扬，那么他肯定能赢得周围的人的好感、同情和信赖，更好地彰显自己优雅的气质。

微笑是一种语言,它能够解决一般情况下难以解决的问题;微笑是一种力量,它能赢得朋友一起与你分享快乐;微笑更是一首最动人的诗,它能使你优雅的气质得到完美的彰显。男人应该让微笑常驻脸上。

6. 以幽默赢得人气

幽默和取悦别人，能在给人以乐趣和神韵中，展示一个的乐观豁达的气质品格。这是聪明人发明的一种心灵健康的灵丹妙药，男人应当善于运用。

学会幽默

幽默是一种非常好的情绪调节剂，是气质好的表现。

幽默能给人带来愉悦，使情绪平和舒畅。在日趋紧张的现代社会，幽默是一种难得的个性，它代表了人性的自由和舒展。

人人都追求幽默，但幽默是自发的、可遇不可求的。

在我们这样的社会，幽默是一种十分难得的天外来客。

谁能在幽默上占主动，谁就能很好地控制情绪。

幽默说明一个人在情感调节中的主动性。当一个人悲哀的时候，他的幽默，就说明了他是不会把悲哀真正地放在心上的。

当一个人高兴的时候，他的幽默说明，他在高兴中仍有清醒理智。

幽默是气质好的高度体现，是情商素质的最高境界之一。男人适时地幽默一下，可以收到神奇的效果。

学会取悦别人

独乐乐，孰如众乐乐？取悦他人，他人会乐，自己也得到快乐，大家同乐。具体说来，取悦别人有四种方法：

①显示自己的良好形象

取悦者通常显示自己的良好形象来取悦对方。

这种自我显示并不是盲目地拔高自己，而是有一定目的性和方向性的，亦即取悦者大多是根据对方的期望来进行取悦活动的。

在取悦方法当中，谦虚是重要的一种。

虽然有的时候自我拔高、自我美化也是一种很好的取悦方法，但是当取悦者知道目标者的能力比自己强，或在其他方面与自己相比有较大优势时，他们更喜欢故作谦虚。故作谦虚或者真的谦虚，能够满足对方的虚荣心，这样也就达到了取悦他人的目的。

为了取悦对方而调节自己的情绪，这是一种比较普遍的做法，几乎人人都会做。比如，当你不高兴的时候，知道对方不愿意看到你的忧伤表情，你就故意在脸上露出笑容；当你高兴而他不高兴的时候，你就得显得忧郁一些，以免引起对方的反感。

为了显示一个取悦于别人的自我，你就得调节情绪，控制情感。

你越会自我显示，就越说明你的气质好，就越说明你的情商素质高。

②给人以恩惠

你在施予别人以恩惠的时候，要让他感到你在关心他、帮助他或惦记

他。你要让他产生你对他是真的好的感觉,你要让他产生对你好的感觉。

能给人恩惠,其实也就等于是给自己恩惠。因为,你在付出的时候,同时一定在得到。这种得到不是物质上的,而是精神上的。因为,你在付出的时候,你会笑,你会感到自己的高尚。这种想法,就是你的收获。

给人恩惠,也是提高气质技巧的一个方法。

③善于赞美他人

平时,当有人对我们高度评价的时候,我们往往很难抵御自己心中对这个人的喜爱。

人就是有这种心理。如果我们善于把握这种心理,那么,我们就会大大方方地夸奖别人,赞美别人。在这种时候,我们的夸奖与赞美,会对我们有利。当然,夸奖与赞美的时候,一定要做得真实可信,不要让人觉得你在故意谄媚。否则效果可能适得其反。

当你想证实自己的时候,恭维会很有效。而且,有趣的是,如果你在恭维别人的时候,能够适当地表现出对恭维这种东西的不屑,效果会好得多。

这种心理,是普通而正常的。

赞美也是一样。

学会赞美,也是一种控制情绪的方法。如果一个人连赞美别人都不会,那就谈不上能够控制情绪、掌握气质技巧了。

④善于附和别人的观点

所谓附和,是指通过在观点、判断及行为上与目标者保持一致来赢得对方对自己的喜爱。

有两种附和,一种是区别式附和。也就是在一些不重要的地方对目标者表示异议,而在一些决定性问题上或紧要关头对他表示具体的附和。这种方法能收到很好的效果。因为当你把异议与同意混合起来之后,可以避免给人留下自己就是喜欢随声附和的印象。否则,你的

附和就降价了。还有一种是明显附和，这种方式当然不会达到理想的效果。

有附和能力的人，即使是对人反感的时候，也能不表露出来。这就是气质控制能力的表现。

7. 开朗大气，展现魅力

生活在现代社会，因为社交与工作流动性的增加，男人每天遇见陌生人的机会愈来愈多。

假如你外出参加一个会议，放眼望去，四周都是一些陌生的面孔，这会令你觉得很不自在，你不知道该如何才能把自己"推销"出去。正当你犹豫不决的时候，你发现会场上有一个人，从容不迫地先和你打招呼，并且泰然自若地和你侃侃而谈。你觉得对方既开朗又热忱，态度亲切而且很有感染力，你不禁暗中佩服他的功力："为什么我就没有这种本领？"

在我们生活的四周，总是有这种魅力无穷的人，他们非常易于察觉人际往来的微妙互动关系，只要有他们出现的地方，总是很能带动气氛，使人如沐春风，乐于和他们接近。

那么，魅力究竟是什么？

你可能想到的是，聪明、仁慈、有活力、美好的外貌等。不错，这些都是构成一个人是否受欢迎的条件。但是，人际沟通专家认为，魅力并不是一项单纯的性格或特征，而是一个人多方面能力的综合体现。

不过，具有这样的魅力，看来还真不是件简单的事。根据观察，有魅力的人，几乎都是从丰富多样的社交技巧中磨炼出来的。

譬如，"印度圣雄"甘地被公认为是一个非常具有魅力的人。然而，甘地的魅力并非天生。据说，从年轻的时候开始，甘地就有心打入英国上流社会的社交圈，立志成为一位"英国绅士"，因此，他十分有计划地克服自己的各项弱点，训练自己面对群众的演说技巧与沟通的能力。

身为一个外国人，甘地明白他的皮肤颜色及外国口音是绝对改不了的特征，但是，他改变发型，勤练英国式腔调，装扮适当，频频出入各种社交场所。

甘地的魅力，在于他能运用简洁诚恳的语言和人交谈。无须讳言，经过长时间培养出来的社交能力，日后对甘地的政治生涯产生了很大的助益，使他不但能与英国的领导阶层平起平坐，畅谈政治，而且也抓住了全印度甚至全世界人的心。

人际专家指出，魅力奠基于良好且发展均衡的沟通技巧，而这种技巧在平常的生活中就可通过练习得到。美国加州州立大学心理学博士瑞吉欧形容："就好像是欲成为名小提琴家一样，魅力必须通过不断练习、练习、再练习，才能有所收获。"

如何训练自己的魅力呢？

（1）必须要有强烈的动机。任何人希望自己变得有魅力，首先就必须对魅力有强烈的渴望。

（2）必须循序渐进，从外表开始着手。虽然说不应以貌取人，但无可否认，外表有时可以左右别人对我们的看法。

（3）学会放松，自由抒发情绪。拥有一颗开放真诚的心，随时与人做情感的分享与交流，会让生活更有趣，而且让别人更容易接近自己。

（4）多聆听观察别人。在人多的场合，随时注意别人谈话时的声音与表情。你不妨想像自己是大侦探福尔摩斯在办案，仔细地研究别人的一举一动，可增加自己对他人情绪敏锐度的掌握。

（5）强迫自己与陌生人交谈。排队买票、问路、到商场购物、候车等，都是不错的时机。

（6）即兴演讲。你可以在家里对着镜子练习，最好把过程录下来，作为改进的参考。人们之所以拒绝在他人面前表达自己，多半是由于害羞及缺乏自信。如果你能随时面对各种话题不假思索地谈话，将是你提升魅力的本钱之一。

（7）尝试角色，体验生活。很多魅力人物，都是生活经验丰富的人，生活帮助他们培养出开阔的眼界。以罗斯福总统为例，除了当总统以外，年轻的时候他还曾经当过牛仔、士兵、警察局长、律师、作家、新闻记者。

（8）走向人群，实际投身于各种社交场合。虽然说，你可以借着不同的观摩练习来磨炼技巧，但是，正如欧吉瑞博士强调："惟一能让你成为一流好手的最佳途径，便是直接走进球场，面对着强劲的老手捉对厮杀。"

8. 战胜羞怯，控制情绪

羞怯是阻碍人们获得成功的心理障碍，因为羞怯而变得退却，会使自己一事无成。只有善于控制，才能保持正确的判断和你本来就拥有的良好气质。男人应当战胜羞怯，善于控制自己的情绪。

战胜羞怯

羞怯者的一些行为表现属于消极性的心理自我防御。

羞怯者往往使用退缩、回避、离群等行为来减轻由于自己害羞、胆怯而造成的心理压力和心理紧张。

有 A、B 两个男青年，他们在大学是同学，学习成绩差不多，毕业后，分到的单位也一样，都是国家事业单位。可是，三年后，A 已是处长级干部，B 却还是一个小秘书。

他们之间的变化，就是因为 B 太羞怯。

由于羞怯，B 失去了很多获得领导、上司以及同僚赏识的机会。

不能做到这些，也就不能获得成功。

对 B 来说，这个教训是惨痛的。

羞怯心理的存在，会影响一个人的前途，影响一个人一生的命运。

所以，战胜羞怯，就成为提高气质技巧和 EQ 素质的一个重要组成部分。

如何战胜羞怯？

①不要过于敏感

不要太注重别人对你的评价。别人说什么，其实是无关紧要的。别人想怎么样，就让他们怎么样好了，何必耿耿于怀呢？

但丁说："走自己的路，让别人去说吧。"

②不要自卑

自卑的核心是："我不如别人。"

可是，你仔细想想，你哪里不如别人了？

也许你长得比别人差一些，可是你也有比他强的地方呀。你甚至可以通过努力，做到比他人处处都强。

也许你学历比别人低一些，可学历虽低，个子却比他高啊。

也许你个子比别人低一些，可个子虽低，技术却比他高啊。

也许……

你可以说出一百个一千个"也许……"，可是，无论如何，你一定要坚信，也许你在这一方面不如别人，可你在另一方面肯定超过别人。

一定要相信自己，要有信心，要高高地抬起头，走路要脚步生风。只有这样，你才会活得开心，活得顺利，你的人生才会充满良好的情绪和不错的感觉。

克服自卑，也是控制、调节情绪，提高气质技巧的一种重要手段。

控制情绪

情绪控制的最外在的一种表现就是控制表情。控制表情，必须掌

握以下几点：

①克服不良习惯

不要当众梳头发、掏鼻孔、剔牙等等。

要拘泥于小节，不要不拘小节。

当你很想那样做的时候，那就是考验你的控制力的时候。

控制这些动作的能力的大小，说明了你自控能力的大小，也说明了你气质技巧与 EQ 素质的高低。

②表情不要变化太大，要稳重

不要动不动就皱眉头、动不动就哭丧着脸、动不动就哈哈大笑、动不动就手舞足蹈、动不动就怒目圆睁。

情绪如此多变，心理难免动荡；心理如此动荡，气质难免不好；气质不好，就是 EQ 素质低。

所以，一定要注意表情的稳定。

③身体姿势要端正

站立时两手叉腰、大腿劈开，这是不雅观的；坐在椅子上摇摇晃晃，弄得椅子吱吱作响，这也是不雅观的；歪着身子，把屁股对着别人，这也是不雅观的，等等。

以上这些，容易形成习惯。如果形成了习惯，一定要改正。改正不良习惯，正是对气质技巧的要求。

一个气质高雅的男人，是容易改掉不良习惯的。

9. 坚强的意志助你成功

荀子在《劝学》中说："锲而不舍，朽木不折；锲而不舍，金石可镂。"这句话充分地说明了坚强的意志对于人生的极大作用。作为 21 世纪的青少年，不论是学会适应无常的生活，还是迎接时代的挑战，又或是获取个人的成功，都需要拥有坚强的意志。坚强的意志是通向成功的钥匙，没有了它的人，就像没有了翅膀的鸟儿，始终无法飞向蔚蓝的天空。面对满地荆棘的人生道路，只有坚强的意志才能助你成功。

提高自我控制能力

自我控制能力是控制自己、支配自己的行动，并自觉调节自己行为的能力。它主要表现为个人对自己行为的监督和调节。随着年龄的增长、思维的发展，青少年的自我控制能力有了很大的发展。但由于思维的抽象逻辑水平还比较低，缺乏社会经验，意志力还很薄弱，青少年的自我控制能力较弱。

对于青少年朋友来说，学会自律，主要是控制自己，"控制者"和"被控制的对象"都是自我。那么，青少年为什么要学会自我控制呢？

首先，自我控制有助于实现自我与社会的同一性，人从自然人发展成社会人的过程，需要通过自我学习，逐步具备社会成员所必需的知识、技能、态度、情感和行为，使社会要求逐步内化为人的观念和行为。其次，自我控制有助于青少年实现人格的社会化。再次，自我控制有助于调节青少年内在的潜能。

自我控制的前提是：青少年的心中有个目的要不惜一切的达到，如果没有这个那一切都是空谈。人只有在为了某件自己认为值得的事情的时候才会控制自己并想办法达成，而什么都没有的人是没有必要那样做的，所以最好是帮青少年树立一个目标并鼓励他达到，在这个过程中自然而然的就学会自己控制自己了。

坚持不懈是中华民族特色

中华民族是吃苦耐劳的民族，在民间流传着许多颂扬坚韧耐力的故事。王羲之洗笔的千缸墨；黄永玉画的万张荷花稿；"只要功夫深，

铁杵磨成针"；事实证明，无论是那一方面的成功，都需要"坚持"。荀子曾有过"锲而舍之，朽木不折；锲而不舍，金石可镂。"和"骐骥一跃，不能十步，驽马十驾，功在不舍。"的名句。

被誉为"史家之绝唱，无韵之离骚"的我国著作——《史记》的作者司马迁在屡受挫折，甚至在遭受了腐刑后仍发愤继续撰写此书，给后人留下了一笔宝贵的文化遗产。试问，为什么司马迁能在潮湿、黑暗的天牢中能够洋洋洒洒万千字，而义无返顾呢？因为在他的心中，有一个理想，有一份责任，有一种信念，支撑着他一步步走过来。他相信只要自己坚持，总会达到心中的目标。凡事总会碰到大小不同的失败和挫折，只要坚持下去，便会有胜利的一丝曙光，正因为司马迁坚信了"坚持就是胜利"这一规律，所以他成功了！

不仅在中国是这样，古今中外的名人轶事都告诉我们，要想成功，坚持绝对不可少。

一名英国科学家为证实蚊子是疟疾的传播媒介，日复一日的和蚊子打交道。1893 年的一天，他在显微镜下看了 8 个小时，眼睛酸痛，视力模糊，外加天气炎热，蚊虫叮咬，观察难以继续。可是他定了定神，继续观察工作。最后的胜利，往往就在坚持一下的努力之中。就在他感觉最疲惫的时候，突然他发现在两只蚊子身上，有前所未有的细而圆的细胞，与疟疾寄生虫的色素一模一样。就这样他获得了胜利。

大多数人们因此认定坚持就是胜利。一心认为只要乘上持之以恒的列车总会到达目的地 – 成功，而犯起了倔脾气，大有不撞南墙不回头的气势。然而，成败旦夕间，谁也没有足够的时间去撞一回"南墙"。所以成功不仅需要一颗永恒的心，同时少不了的是一个清醒的头脑。

马克思说："在学习上没有平坦的大道，只有不畏劳苦，沿陡峭山路攀登的人，才会有希望达到光辉的顶点。"滴水穿石，集腋成裘。

朋友，请记住，闪耀着无数成功的光环是需要恒心的。

10. 行动是成功的加速器

人的生活并非只是一种无奈，而是可以由自身主观努力去把握和调控的，人生的方向是由"心态"来决定的，其好坏足以明确我们构筑的人生优劣。坐而言远不如起而行之。这句话是说，渴求的心态不仅是成功的起点，也是最重要的心理资源。当你渴望着成功，并为之而努力的时候，你就会目光高远，时刻想着提高和进步，而这正是成功者最重要的习惯。珍视你的梦幻与憧憬吧，因为它是你心灵的结晶，是你成功的蓝图。

目标成就梦想

梦想、希望和目标——人生永不熄灭的火炬。青少年最大的绊脚石往往是这种错误的想法：认为天才或成功是先天注定的。人生是什么？人生的目标是什么？目标不能说不重要，目标决定了人生的走向，但人生不等于目标，人生还是向着目标运行的整个过程，人生是过程！啊，这是一个最简单但又最不为人注意的错误。人生目标是我们永远的明天，我们的人生永远是今天，是此刻，是转瞬即逝的现在！

青少年如果是为了追寻成功，而投入到学业中去，那就应该为了学业的顺利发展而设立目标。我们听到有人说"我们一定要成功"、"我要考一流大学"，"我想被学校保送某某高校"……很多人都有类似如此的愿望，但这是目标设立吗？当然不是！这绝不是目标设立，这是喊口号。

如果没有梦想，我们的生活将变得没有意义；如果没有目标，我们的人生将失去航行的方向！人生要获的成功，就一定要有一个明确

的目标。没有目标就不知道努力的方向。犹如巨轮梦想驶上大海，但是却没有确定的航标。许多人也曾看到了机遇，也曾梦想成功，但他没有把自己的梦想变成人生奋斗的目标。

有目标的人是活得有意义的人，能看重人生本身这一过程并把握住过程的人是活得充实而真实的人——"没白活一辈子!"

法国博物学家法布尔经过反复观察发现，巡游毛虫在树上的时候，往往排成长长的队伍前进，由一条虫带队，其余的毛虫则紧紧跟着，心无旁骛，鱼贯而行，从不分离。于是法布尔就把一组毛虫放到一个圆形大花盆的盆沿上，使它们首尾相接，排成一个圆形。这些毛虫开始行动了，像一个长长的游行队伍，没有头，也没有尾。法布尔在毛虫队伍旁边摆了一些食物，如果毛虫要想吃到食物就必须解散队伍，不再一条接一条前进。法布尔预料，毛虫很快会厌倦这种毫无用处的爬行，而转向食物，可是毛虫没有这样做，依然有序地、执著地循序环行，一直以同样的速度沿着花盆边沿走了7天7夜，直到饿死为止。

这个小实验经常被成功学家们作为著名例证，用以说明人生目标的重要性。没有确定人生目标的人，就如这些毛虫一样碌碌无为空耗人生。毛虫们遵循的是它们的本能、习惯、传统、惯例、过去的经验，或者随便你叫它什么好了。它们没有自己的目标，只是盲目地"跟进"，尽管工作很努力，生活很忙碌，但最终是一事无成，还落了个饿死的下场。

我们应该相信人生是一个不断追求梦想，并把这种梦想变为现实的过程，而这其中就需要我们有自己的人生目标，然后去成就我们的梦想，有这样一句话：没有梦想的人生，就像一只没有翅膀的小鸟，试想，如果一只小鸟失去了翅膀，那它还有存在的意义和价值吗？没有! 所以我们不能没有人生目标，因为它是我们走向成功的标志。

想法决定做法

如果想法能理智的支配做法，那么，所有的一切因愚蠢想法犯的错误都可以避免，但现在的问题是，想法和做法完全分离了，这叫做明哲保身吧，用想法代替做法的聪明人，迟早会因为自做聪明栽跟头，所以，人要踏实，想法和做法都应该从友好和平的角度出发，设个圈套把别人载进去自己想得益，到最后，只会是自己害自己，踏实的想法也是一笔财富，得到幸福的财富，心灵和平的财富。

想法与做法，是相互缠绕、相互影响着的同一因素的内外两面，任何想法都要借助于做法才能表达出来，任何做法中也都蕴藏着想法，并且往往当想法有所调整时，做法也必须随即调整，或者反过来，如果做法不随即调整，那么就无法表达想法，这也就意味着做了许多无效劳动。美国著名地磺学家华莱士，在总结其一生成败经验的著作《找油的哲学》中写道："找油的地方就在人的大脑中。"他提出一个著名的观点：人的大脑里蕴藏着丰富的宝藏，而思维方式，是其中最珍贵的资源。

佛说：一切皆由"心"生！心生了"想法"，想法生了"看法"，看法生了"做法"，做法生了"结果"！想法是因，结果是果。面对同样一件事，不同的想法、看法，就会导致不同的结果，我们改变自己的想法和看法，做法就会改变，结果也会改变。

所以，我们每个人都深受自己想法和看法的影响，也就是观念的影响，这些想法和看法就构成了我们的信念，严重影响着我们的做法和表现，影响着我们的人生。健康的想法和看法会带来健康的表现和结果，不健康的想法和看法同样会带来不健康的表现和结果。这就是：种瓜得瓜，种豆得豆！

我们明白了这个道理，在实际学习和生活中，我们要学着使用。

当我们面对不顺时，不要怨天尤人，正确的做法是：反求诸己，调整自己的想法和看法，跟着调整做法，就会逐渐顺利起来！这就是"检讨修正"。当我们与别人冲突时，我们不要寄希望于别人的主动改变，而是调整我们自己的想法、看法和做法，对方也会因我们的改变而受到影响，可能也会改变，这就是"间接控制"，通过改变我们的影响途径或影响方式，达到相互改变的目的！

当然，多少个想法跟不上一个做法，一个做法却注定要多个想法。譬如说"临渊羡鱼，不如退而结网"，"羡鱼"是想法，"结网"是做法，多少"羡鱼"的想法也不如赶紧"结网"来的实在，然而，结什么样的网，是小网还是大网，是线网还是丝网……却实在需要多个想法来确定的。思路要是不对，再有智慧也是徒劳，这时候他脑筋转得越快，往往也死得越早，而好的思维，会使人生旅途充满亮光。每一种好的思维方式，都是生命历程上一盏明亮的灯，导引你正确地走向成功的彼岸。

11. 礼节是交际的品牌

礼节，是人们在社会交往中对穿衣着装和行为举止的要求标准。中华民族素来被视为"礼仪之邦"，礼节的重要性更是体现到了各个方面，遵守它，可以促进人际交流的和谐，违反它，便会导致社会关系的失调。由于大部分的时间都在学校，所以很多青少年都不能意识到礼节的重要性，其实不论在什么地方，礼节的作用都不容忽视，恰到好处的礼节常常能够收到事半功倍的效果。

注重自己的仪表

如果一个人有一个好的仪表，是否会增加别人对他的喜爱和友好呢？事实证明，如果其他方面都相同，人们更喜爱漂亮，英俊的人。仪表对初次交往的人来说，是一个重要的因素，这叫做第一印象或首要效应。正如人们在买商品之前，首先看到的是包装。这种由表及里的认识程序不一定完全是对的，但这确实是我们生活中的事实。为了事业，为了幸福，为了博得别人的第一印象，请注意自己的仪表美。青少年也应该注重自己的仪表。

仪容仪表是反映一个人精神风貌的首要因素。

青少年朋友一定要注意仪表美。修饰打扮应以清雅素淡，大方自然，洒脱活泼为主。要显出青春的朝气和魅力。同时更要适合自己的身份，提倡简朴，注意经济耐用，老舍先生曾经说过："真正美丽的人不多施脂粉，不乱穿衣的"。还要结合自身条件，扬长避短，要整洁宽松，有利于健康，要注意场合，不标新立异。

说话的艺术

语言是人的第二副面孔。一个人说话的能力，对其社会交往与人际沟通起着至关重要的作用，也是很多人出人头地的捷径，历史上很多地位显赫的人，靠的就是一副语惊四座、技压群芳的口才。

说话的艺术并不是天生的，而是从现实中锻炼出来的。一分天才，九分努力，一个人如果没有良好的口才，是一件很可悲的事，好像鸟儿没有羽翼。

一位哲人说得好："智者的声音就是愚者的方向。"

美国幽默大师罗伯特·奥本说："每天早晨起来，我都看一遍《福布斯》杂志上美国最富有者的名单，如果我不在上面，我就去工作。"这句话有没有智慧？有！告诉我们人要有梦想，要勤奋努力。

"没有目标的人注定要为有目标的人工作。"这句话有没有智慧？有！它告诉我们要有目标，因为目标是人生的清醒剂。

12. 优雅社交从赞美开始

每个人都喜欢听别人的溢美之词，尤其是青少年，十分渴望被人欣赏。虽然青少年渴望得到别人的赞美，但是却有很多的青少年不会轻易地流露对别人的赞美之情，把生动的言语硬生生地压在心底。这是因为他们还不明白，赞美别人也是一种激励自己的方法，赞美是世间最美丽的语言，是人际间最佳的润滑剂。青少年学会了赞美，才能为自己赢得一个好人缘。

善于发现别人的闪光点

有一首诗写道："梅雪争春不肯降，驿人搁笔莫评章。梅须逊雪三分白，雪却输梅一段香。"

诗中的梅和雪形成鲜明的对比。梅和雪都是只看到自己的长处，不看对方的优点，以至于一味的孤芳自赏，自视高人一等。梅和雪，哪一个更好呢？它们是各有所长吧。

正所谓"尺有所短，寸有所长。"对人类来讲，亦是如此。所以，我们应该学会善于发现别人的长处。

金无足赤，人无完人，谁都会有自己的缺点。相反"尺有所短，寸有所长"，每个人也都有自己的优点。我们只有善于发现别人的优点，才能好好地利用这些优点为自己服务。

我国古代儒学的创始人孔子满腹经纶，被世人尊为"孔圣人"。他高人之处太多了，但他没有自命不凡，而是努力去发现别人的长处，虚心向别人请教，始终认为"三人行，必有我师"。看人要看对方的长处，只有认识到自己尚有不足的人，才能虚心向别人学习，从而不断取得进步。

发现别人的优点，会觉得别人更可爱，会跟他相处得更好。如果他的优点正是你的缺点就可以取长补短，要是他的优点也是你的长处，就可以互相切磋更进一步。

发现别人的优点可以对比自己，发现自己的优点可以发挥自己。总之，能发现能看清每个人的优缺点，可更完善自己。一个人善于发现别人的优点说明他本人是一个很能理解别人的人；如果一个人只看到自己的优点而看不到别人的优点就容易以自我为中心，变的自私起来。看到别人的优点就能影射自己，让自己看到自己哪里不如别人好，形成心理差距，这样心中无形的既定目标就会升级，健康人的心态就是利用这一点向比别人好的人学习优点而进步的。试想一下：没有目标的世界或者生活是什么样是生活？你要超越自己就要知道自己的不足，如果心理已经很满足了觉得是最优秀了那还需要更高的目标吗？不用，回答是肯定的。

你的努力的目标从你的不知足和没有别人好而开始成长的。

赞美需要一颗真诚的心

赞美具有一种不可思议的推动力量。对他人真诚的赞美，正如沙漠中的甘泉一样让人的心灵受到滋润。莎士比亚曾说："赞美是照在人心灵上的阳光。"心理学家威廉·杰尔士也说："人性最深切的需求就是渴望其他人的欣赏。"当你赞美他人的时候，别人也就会在乎你存在的价值，你对他人的赞美也让你获得一种不容易获得的成就感。在由衷的赞美给对方带来愉快以及被肯定的满足的时候，你也十分难得的分享了一份喜悦和生活的乐趣。

每一个人都是上帝最得意的作品，每一个人都是独一无二的奇迹，每一个人身上都有闪闪发光的亮点。世界上，人人都喜欢别人的赞美。我们要学习会欣赏他人并赞美他人。这正如美国著名企业家玛丽凯经

理曾说过的："世界上有两件东西比金钱和性命更为人们所需，那就是'认可'和'赞美'。"但这里要注意的一点是："认可"和"赞美"一定要真诚和自然，一定要发自内心，而不是应酬作秀，更不是虚晃一枪。真诚地、适度地、恰如其分地从内心深处给人以"认可"和"赞美"，有时可以影响人的一生。

赞美真的会创造奇迹。有一位名不见经传的男孩在一所工厂打工，但是他非常喜欢唱歌，每天努力的练习。可是他的第一个老师却残忍的对他说他根本不是一块唱歌的料。这句话对他造成了无法估量的影响，从此一蹶不振。但这时，他的贫穷的母亲却鼓励他说："孩子，你唱的很好，你能行，你一直都在努力，一直都在进步，你会成功的。"同时，为了让儿子学习唱歌，她更努力的工作赚钱，来供应儿子的学费。在母亲的鼓励与赞美下，他加倍努力，终于成功了。他就是意大利著名的歌唱家——卡罗索。

我们每个人的天性中不都在渴望得到别人的夸奖和赞美吗？按照马斯洛的需求理论，人最高层次的需求就是得到别人的尊重认可和自我价值的实现。真诚的赞美就像甘霖一样地滋润着我们的心田。当我们遭遇挫折而失落自卑时，一句真诚的赞美，会使我们重新认识自己的能力和价值，重新鼓起战斗的勇气；当我们因为平庸琐碎的生活而麻木倦怠时，一句真诚的赞美，会使我们精神振奋，重新激起对生活的热爱。

1921 年，美国的钢铁大王安德鲁·卡内基，以百万年薪的天价，聘请了一位夏布先生，担任其新成立的"美国钢铁公司"总裁。有人估计，当时的百万美元，价值相当于现今四千万美元。而那时候一般人的薪金，每月大约百元美金。为什么安德鲁·卡内基每年要花一百万元聘请一位管理人才？原来，安德鲁·卡内基发觉，夏布先生具有一种最宝贵的能力一能够在别人身上看到优点，并且给予真诚的赞美和感谢。卡内基认为，人都有一种深刻的需求，就是渴望得到别人的肯定，特别是他心目中的重要人物，如好的友人、主管、父母等等。而夏布先生也深切了解自己成功的秘诀就在于，他相信"奖励是使人工作的原动力"，他喜欢以"真诚，慷慨地赞美他人"的方式，处理人事、管理人事，激发了下属的工作潜能，也为自己赢得尊重和财富。我们每一个人都可以带给别人真诚的赞美。

但是，仅仅赞美是不够的，你的赞美还必须是真诚的。真正懂得生活的人，会在适当的场合、及时地将真诚的赞美送给他人。在愉悦他人的时候，自己也因为发现了美好的东西而心情舒畅。实事求是，而不是夸张的赞美，真诚而不是虚伪的赞美。毫无根据的夸奖，会让人产生你在拍马屁或者说至少有什么不可告人的目的。而且，实际上，对于那些喜欢别人过分夸奖的人，也未必适合和他做朋友。只有当你真的发现了别人身上的某些优点的时候，你才把它直截了当地说出来。这种优点并不一定要惊天动地，一些细微处的赞赏可能更能感动别人。比如你发现对方今天穿了一件很漂亮的衣服，那就请立刻告诉她："你今天这身衣服真好看。"

如果一个人不分场合，不问具体情况的赞美，就会引起误会与不必要的麻烦。当一个人正踌躇满志时，赞美只会让他骄傲自满，最终也会害了他。如果赞美的话言过其实，就会让人怀疑你的动机，认为你是谄媚。不必挖空心思去赞美他人，只需有一颗客观公正的心和一双善于发现的眼睛。发现别人身上的长处并出自真心的赞美，也许你的赞美会改变他的一生。

13. 沟通赢得信任

在现实生活中，人与人之间少不了沟通，它是拉近人与人之间距离的纽带。沟通有着神奇的力量，它能让误解变成谅解，把阻力变为动力。现在的青少年由于思想上不成熟和心理上的叛逆性，十分缺乏与人沟通的欲望，因此，对他们来说，学会沟通就显得尤为重要。沟通能让他们彼此信任和理解，一次成功的沟通，不仅可以让他们少些偏激，多些感激，还可能改变他们的处事风格和习惯。沟通无限，精彩才能无限。

沟通让道路更畅通

沟通是一门学问，也是一门艺术。说沟通是学问是因为任何沟通都是有其本身的目的，把握住沟通的目的，同时掌握沟通的要领，将相互的理解或者思想表达出来是需要练习和实践的；说沟通是一门艺术，讲的是沟通是技巧，其中包括语言的，非语言的，外部因素，交流双方对事件的认知度等等。

沟通的目的有很多，最浅显的一个目的便是信息的传递，信息的传递包括了单向和双向传递，而此时，信息传递的有效性，及时性，保真度等等都是需要重要考虑的方面；沟通的高一级别的目的在于沟通的影响性，也就是我们通常所认为的去"说服"沟通的一方的行为，思想等。

科学研究表明，一个人在醒着的时候，每天大约有 70% 的时间都花在各种各样的沟通上，早晨问好、吃饭闲聊、打电话、发短信或邮件、邀约、开会、分享、了解客户需求、培训、看书、走亲访友等等，沟通可谓无处不在、无时不在。而在这个世界上，最浪费时间的，就是处理不良的人际关系。由此可见，人与人之间的沟通是多么重要。

每个人都不可能独立地孤活于世，尤其是在今天这个时代，那么更需要理解与沟通。心灵的默契，言语的合拍，动作的和谐，不是每个人都能悟到的，因为每个人环境不同，只有打开心门，坦诚相待。沟通，再沟通，简单的事情重复做，人与人之间才会多些理解，少些

误会，才会使家庭和睦，事业蓬勃，友谊长久，生活美满……

人与人之间最宝贵的是真诚、信任和尊重。其桥梁是沟通。沟通是一个过程，是一个交流思想，传达意识，发表看法的过程。

懂得倾听的艺术

倾听是一种习惯，倾听是一种尊重，倾听是一种内涵。我们的民族要学会倾听，讨论倾听的重要时越觉得倾听很重要。一个老师没有学生的倾听就无从谈教学，所以在教学中我们总在培养孩子的倾听习惯。一个人不会倾听别人的意见是不懂得如何尊重别人的，我们的民族需要这样的尊重。

倾听，是生命中不可或缺的一个章节。是倾听，让我们明白了什么才是真、善、美，让我们彼此的手握得更紧、心灵贴得更近，让我们积累了许多难得的经验，少走许多不必要的弯路；是倾听，让一句简单的话语，有了神奇的力量，让那些琐屑的小事，一下子变得无比地亲切起来，让那些平凡的日子，陡然增添了动人的光彩……

倾听是一种姿态，是与人为善、心平气和、虚怀若谷。倾听是一首歌，是团结之歌，友爱之歌，和睦之歌。有了这种姿态，就能做到海纳百川、光明磊落、心底无私。

有这样一个小故事：古时候有一个国王，想考考他的大臣，就让人打了三个一模一样的小金人让大臣分辨哪个最有价值。最后一位用一根稻草试出了三个小金人的价值，他把稻草依次插入三个小金人的耳朵，第一个小金人稻草从另一个耳朵出来，第二个小金人稻草从嘴巴里出来，只有第三个小金人，稻草放进去以后，什么响动也没有，于是老臣认定第三个小金人最有价值。

同样的三个小金人却存在着不同的价值，第三个小金人之所以被认为是最有价值也因为在于其能倾听。其实，人也同样，最有价值的

人，不一定是最能说会道的人。善于倾听，消化在心，这才是一个有价值的人具有的最基本的素质。可事实上，生活中的人们并不是都善于倾听。

倾听其实是一种幸福。生活中我们不妨倾听父母那喋喋不休的唠叨，这是一种爱意的释放；我们不妨倾听子女的诉说，以朋友的姿态去感知那颗心灵，给予他们前行的信心；我们也不妨倾听朋友和同事的喜悦和烦恼，真诚的为他们的进步高兴，为他们的成功喝彩，成为他们雨中的一把伞，路上的一盏灯。

倾听是一种与人为善，心平气和，虚怀若谷的姿态。有了这份姿态，就会多听一些意见，少出几句怨言，或许就意味着家庭中多了一分和睦，恋人间多了一分和谐，朋友间多了一分和气。著名社会学家、语言学家卡耐基说："一双灵巧的耳朵，胜过十张能说会道的嘴巴。"让我们学会倾听，在倾听中提升情趣，感悟人生！

14. 团结才能共赢

在动物界讲究的是"一山不容二虎，强者为王。"而人与动物最大的本质区别就在于人类提倡要有良好的团队合作能力。俗话说："单丝不成线，单木不成排。"人们必须具有团结合作的精神才能成就大业，正处于成长中的青少年更应该懂得这个道理。青少年是祖国未来的希望，懂得团结合作才能创造一个充满活力的 21 世纪。团队合作精神就像一个人的灵魂，大家必须互帮互助才能为灵魂注入活力。集体的力量是强大的，一意孤行只会让目标越来越远，缺乏团队合作精神的人是一个不成熟的人。

团结就是力量

"团结就是力量，团结就是力量，这力量是铁，这力量是钢，比铁还硬，比钢还强……"美国的韦伯斯特说过："人们在一起可以做出单独一个人所不能做出的事业；智慧、双手、力量结合在一起，几乎是万能的。"

让我们把"团结就是力量"这句话牢记在心头，更希望大家把团结的力量体现出来，在以后的学习、活动、生活中，相信大家的团结合作肯定是最最棒的！

俗话说："三个臭皮匠，赛过一个诸葛亮。"团结，历来是我们中华民族的传统美德。我们都是中华民族共和国这个大家族的一员，在每一个公民之间，应该不分彼此地去帮助别人，团结友爱。要形成一种良好的风气。

一个国家、一个民族需要一种精神，也呼唤一种精神；一个单位、一个集体也需要一种精神来维系、来支撑，这种精神，就是凝聚在党旗下的团结精神。团结才会让我们的世界充满爱，充满爱的世界更需要我们的团结。

泱泱大国，巍巍华夏，由五十六个民族组成的大国，之所以历经磨难、历尽千难万险仍然鼎盛繁荣，归根结底是因为由一个人民拥护和爱戴的政党，和凝聚在党旗下的团结精神。

国强则民盛，民盛则国兴。回望历史的长河，浪涛汹涌，清波澎湃，那亘古不变的灵魂，就是中华民族团结奋进的精神。伟大的中华民族是一个团结的民族，自其诞生之日起，就在这片古老而神奇的土地上繁衍生息，孕育出厚重而古朴的血脉。

信任是合作的基石

信任一个人有时需要许多年的时间。因此，有些人甚至终其一生也没有真正信任过任何一个人，倘若你只信任那些能够讨你欢心的人，那是毫无意义的；倘若你信任你所见到的每一个人，那你就是一个傻

瓜；倘若你毫不犹疑、匆匆忙忙地去信任一个人，那你就可能也会那么快地被你所信任的那个人背弃；倘若你只是出于某种肤浅的需要去信任一个人，那么旋踵而来的可能就是恼人的猜忌和背叛；但倘若你迟迟不敢去信任一个值得你信任的人，那永远不能获得爱的甘甜和人间的温暖，你的一生也将会因此而黯淡无光。

信任是一种弥足珍贵的东西，没有人能够用金钱买得到，也没有人可用利诱和武力争取得到，它来自与一个人的灵魂深处，是活在灵魂里的清泉，可以挽救灵魂，让心灵充满纯洁和自信。信任，就是相信你不相信的事。

信任是一种有生命的感觉，信任也是一种高尚的情感，信任更是一种连接人与人之间的纽带。你有义务去信任另一个人，除非你能证实那个人不值得你信任；你也有权受到另一个人的信任，除非你已被证实不值得那个人信任。

有一个故事：一个劳改犯人万念俱灰，心想这世界上再也不会有人相信他了。后来，他越狱了。在他亡命途中，他大肆抢劫钱财，准备外逃。在逃亡的火车上，他站在厕所旁边，过了一会，有个姑娘来上厕所，发现门扣坏了，便轻声的对他说："先生，你能为我把门吗?"，正是这姑娘纯洁无邪的眼神，使他像一位忠诚的卫士一样，严严把守着门。下了火车以后，他就去派出所投案自首了。

是啊，这个世界需要信任。人与人之间需要信任。不要远离信任，因为信任会使我们活的轻松，也会为别人带来希望。信任的产品是友谊，多一份友谊总是快乐的，没有人会傻得连友谊这样的产品都拒之门外。经常怀疑一切的人，是永远得不到信任的人，是永远被孤立起来的人，是生命的一种极大的不幸。

第四章

学生的成功理念教育培养

1. 创新精神，挑战未来

只有创新才有进步，创新精神是一个国家和民族发展的不竭动力，也是一个现代人应该具备的素质。青少年是国家的未来，民族的希望，这就要求21世纪的青少年必须具备发明创造的潜能，只有这样才能成为对社会、对祖国乃至对人类有贡献的建设人才，从而实现自己的人生价值。

激发创新精神，培养创造能力

青少年是人的世界观、人生观、价值观形成的关键时期，也是创新精神勃发的时期，如引导不得法，就会扼杀他们的创新精神；反之，创新精神就会滋生并不断发扬光大。

激发青少年的创新精神，培养创造能力，重在关注其"发展价值"，就是要着眼明天、着眼未来，让孩子们勇于和善于创造成功，实现理想。在实际生活中，青少年们能独立、创造性地解决一道难题，克服一个困难，能产生灵感，做出有意义的小发明、小制作、小节目等，可能不一定会取得明显的社会效益和经济效益，却锻炼了心智，培养了能力，是甚为宝贵的，我们应该给予支持和鼓励。

创新精神是一个国家和民族发展的不竭动力，也是一个现代人应该具备的素质。因此，培养创造能力，激发创新精神，应从青少年抓起。

创新精神，是进行创新活动必须具备的一些心理特征，是一种勇于抛弃旧思想旧事物、创立新思想新事物的精神。它涉及的范围很广，包括创新意识、创新兴趣、创新胆量、创新决心，以及相关的思维活动，属于科学精神和科学思想的范畴。

青少年，作为国家的新一代接班人，要敢于去接触、去挑战新的思想，打破传统的、固有的教育模式，要不满足于已有的认识，不断地去追求新知；不墨守成规，敢于打破原有的条条框框，来探索新的规律，新的方法；不迷信书本、权威，敢于去怀疑，敢于根据事实和自己的思考，创造新的理论和观点；不去任意地模仿别人的想法、说法和做法，不人云亦云，唯书唯上，坚持独立思考，说自己的话，走自己的路；不喜欢一般化，追求新颖、独特、异想天开、与众不同；不僵化、呆板，灵活地应用已有知识和能力解决问题……都是创新精神的具体表现。

但是，所谓的创新，不是追求个性化的生活，个性化的思想，而是在某一个设计上，某个观点上，某个思路上，有自己新的见解和看法。青少年时期，是创新思维的最佳阶段，作为21世纪新一代，要学会培养自己的进取心、自信心、好奇心，以及想象力、洞察力、动手能力、信息能力和创造能力。

青少年，只要具有创新能力，就能在未来的发展中不断开辟新的天地。

想象力是一切创新的源泉

21世纪，知识量与日俱增，科技发展日新月异。在希望与挑战并存的新世纪开端之际，新世纪的接班人应培养为具有高素质的、有强烈创新意识和创新能力的人才。

创新离不开想象，创新必须以想象为基础。"想象是创造的先导，是从模仿到创造的阶梯。"只有丰富青少年的想象，他们的创造能力才能得到较好的发展。在众多哲学家和心理学家的视野中，想象作为创造力的本质属性，可把它视为创造力的源泉之一，同时也是创造原始本质的再现。亚里斯多德指出："想象是一切创造活动的源泉。"著名的科学家爱因斯坦说："想象比知识更重要，因为知识是有限的，而想象力概括着世界上的一切，推动着进步，并且是知识进化的源泉。"

正如黑格尔所说："最杰出的艺术本领是想象。培养一个人的创造性想象力，是非常有必要的。"可见，在一个需要具有创新精神和创新能力人才的社会，首先应培养他们的创造性想象力，因为它是一切创造的前提、根基。

想象力就是在记忆的基础上通过思维活动，把对客观事物的描述构成形象或独立构思出新形象的力。简言之，就是人的形象思维能力。

古希腊的亚里士多德就指出："想象力是发现、发明等一切创造活动的源泉。"没有想象力就没有创造，也就没有创新意识和创新精神。因此，注重想象力的培养，已成为当今世界先进教育思想的重要内容。可见，培养想象力对于青少年来说，是多么重要的一件事情。

在科学创造中，观察力、记忆力、思维能力使科学工作者获得信息。在错综复杂的信息面前，丰富的想象力使科学创造活动能够"思接千载"、"视域万里"，打破时间与空间的限制，使科学工作者的智力展翅高飞，开阔视野，看到前所未见的新天地。正如英国物理学家丁达尔（J. Tyndall）所说："有了精确的实验和观测作为研究的依据，想象力便成为自然科学理论的设计师。"

在科学创造中，想象力渗透到观察记忆、思维、操作中去。英国化学家普利斯特列曾说到想象力渗透到科学创造中的作用。他说，"每个实验都倾向于证实某个假说，而后者无非就是关于某种自然现象的条件和原因的猜测。最有发明才干、最精明的实验家（就最广意义说）是这样的人，他们充分发挥自己奔放的想象，在风马牛不相及的概念之间寻找联系。即使这些对疏远的概念进行的比较是粗略的、不现实的，它们也还是会给别人作出重大的发现提供幸运的机会，而审慎、迟钝且又胆怯的'智者'对这种发现甚至都不敢去想。"

发明是一种创新活动，在动手之前先得把发明目标在脑子里刻下印象，然后构思出基本轮廓。因此，丰富的想象力亦为发明者所必须。

增强想象力的关键在于不断地打破习惯性思维对自己的束缚，经常进行发散性思维，亦即给思维插上翅膀，让它在广阔无垠的世界中自由驰骋。这种不着边际的思维就是我们常说的幻想。发明创造者同样需要幻想，同时我们还应懂得，尽管有些幻想被人斥之为"想入非非"，其实，想入非非未必非！在古代，"点灯不用油，耕地不用牛"，"用从月亮上取回的土种庄稼"等，无疑都是想入非非的幻想，然而通过人们艰苦的创造性劳动，这些幻想都变成了当今的现实。幻想是可贵的，同时它也是衡量一个人想象力强弱的重要标志。因此，想增强想象力的人不妨把自己培养成一个长期幻想者。

一切想取得发明成果的青少年，千万不可忽视创造者所必备的这种基本素质——想象力。

2. 智慧的人，善于思考

每个人都有认识真理的能力，但有能力认识真理并不等于就可以发现真理，只有那些善于思考的人，才能运用所掌握的认识去发现真理。青少年正处在学知识的黄金阶段，在学习的时候，千万不可埋头苦干，一定要学会思考，并且善于思考。做一件事的时候，想一下为什么要这样做，有没有更好的方法，如果不这样做会有什么结果……要明白，只有想不到，没有做不到。人与人之间最大的差距就在于谁思考得多、思考得深、思考得对。谁善于思考，谁就更接近成功。

遇事要冷静

数千年来，青少年一直是成年人的挑战，对父母而言，即使是温和的年轻人也一样，从准备儿女成长的食品到如何应付青少年日益复杂的问题，仍是父母千古的难题。尤其是青少年阶段，是父母们最担心的问题，因为这是他们最容易冲动的年龄。

美国知名心理学家戴维·华许博士，曾研究了青少年的冲动，用简易的文字向读者揭露了冲动的后果和原因，告诉青少年们应该怎么去做。根据相关人士调查，青少年因为冲动而造成的不良后果占 16%，因冲动而犯罪的占 38%，这个惊人的比例让很多父母引起了重视。

青少年所处的年龄是个叛逆的、冲动的阶段，脾气容易暴躁，也容易违法违纪。叛逆的性格和冲动的脾气，是这些孩子们走向"罪恶边缘"的主要"罪魁祸首"，也是老师和父母们所为之担心的。

冲动是魔鬼。这句话很有道理，现在社会上，越来越多的青少年对自己的言行举止开始不重视，对自己做的事情很少想过后果，他们只认为自己做的永远是对的，从没有在脑子里思考过事情的正误性。

镜头 1：高二的同学在放学时冲到篮球场，其中有人大声喊道场地已经被占了，但有人不服，一句脏话就这样冲口而出，无端被骂，另外的人当然不甘示弱，也不留情面地回敬脏话。双方都非常恼怒，在吵骂当中，有的人就觉得受委屈，心中愤愤不平，进而大打出手，而且聚集了一大班人围观，以致要动用全校的保安来解决纠纷及维持秩序。

镜头 2：17 岁男孩王明是沈阳市某管理干部学院大专班学生。一天下午，王明和初中同学出去玩时，为几个女孩子买雪糕一起吃，由于同学小强出去回电话，王明忘记给他买了。小强回来后见没有自己的雪糕就开始埋怨，并提出"不玩了，我回家"。王明觉得在女生面前丢了面子，在厮打中用尖刀刺中小强。小强经抢救无效死亡。王明也因为故意伤害罪被判处重刑，并赔偿小强家属经济损失 2.5 万元。

镜头 3：18 岁李某受雇于某市一家造纸厂，因工资问题与管理人员发生纠纷，一气之下，竟纵火焚烧该厂多间宿舍，造成三万余元经济损失，最终被以放火罪追究刑事责任。

上述三个事例，不正说明了青少年冲动所犯下的罪行和后果，这

样的事例在社会上还有很多很多，尤其在校园里，因一时冲动而违纪的现象屡见不鲜。因为青少年之间发生争吵，心情都是复杂的，一时很难想到如何去调节，如何去解决，对于他们来说，最直观的方法就是用暴力来解决，以导致这种调节方法很难及时解决心中的不忿。这正是他们不能够理智对待冲动的原因。

因此，学会思考，学会理智对待自己的冲动是很重要的。

比尔·盖茨作为"世界财富之王"，他对自己的青少年生活有着切实的体会和总结。他说："我是一个爱构想自己人生地图的人，即使到现在，我依然觉得那种构想人生的青少年式的冲动，是我成就事业的基石。我觉得，一个人的青少年时期对于人生各方面的理解，就像鼠标一样起到引导性的作用。"

"人生总有不顺心的时候，很多人在逆境中沉沦了，自暴自弃了，但是只要相信人生可以自我调整，换个角度重新审视自己的生活，就会出现茅屋变成宫殿的奇迹。"

比尔·盖茨虽然作为财富巨人，但对于人生哲理自有智慧的理解。聆听他对成功人生的种种注解，必是一件非常有意义的事情，因为我们可以站在成功者的肩膀上继续登高，至少可以减少我们在实现人生目标时少走一些弯路。

比尔·盖茨说过一句名言：善于少走弯路的人，总是一个用头脑驾驭自己人生每一步的聪明人！

同样处于青少年阶段，都有着冲动的脾气和性格，但是却有着不同的结果。理智地对待的，是用头脑驾驭自己人生的每一步；冲动的做每一件事的，得到的是应有的惩罚。

三思而后行

孔子曰：三思而后行。笛卡尔说，我思故我在。古今中外的先哲

们都把思考作为生命的一部分，一个人停止了思考，他活着也没有了价值。思考是生命的灵魂，一个人没有了灵魂，只能是行尸走肉。

思考的力量是巨大的，因为思考，巧妇可为无米之炊，因为思考，天堑变通途……方法总比问题多，像学者一样思考，一切问题都会迎刃而解。

人总是在不断成长的。身体的成长，使我们的外貌显得亭亭玉立、英俊潇洒。但是，我们也需要"心灵的成长"、心智的成熟。这就是要我们遇事要冷静，做事要成熟……总结成一句话："凡事三思而后行"。

"三思而后行"，这是一句多么简单而深刻的话呀，它是长者的建议，智者的忠告；它是悟者的提醒，迷者的机会。

对于处于迷茫的青少年来说，学会思考问题是很重要的。因为他们要为自己的人生做准备，而人生又要成功。人人都需要成功，如何到达成功？却是仁者见仁，智者见智。作为社会新的成员，能够认识到"三思而后行"的重要性，不因一时的冲动，而影响到整个人生。

现代社会的信息化、复杂化，让青少年更早地接触到了社会上的一东西和文化。比较常见的现象就是青少年的"早恋"和对网络的痴迷。有些青少年因"早恋"而误入歧途，有些因"网迷"而走向犯罪的道路。对于刚刚步入人生的花季少男少女，是可怕的生活。

青少年的身心发展尚未成熟，生活阅历少。他们早恋的基础有的仅仅是异性间的相互吸引，这种吸引只是保留在对方好看、顺眼或与自己志趣相投等的基础上。实际上，他们不太懂得爱情的真正含义，并不理解爱情的深层的社会内容以及所要承担的道义与责任，因而他们在早恋中萌生的所谓的爱情，往往只是一种带有浪漫色彩的理想主义的朦胧情感。

但是，一旦产生冲动的想法，好奇心作怪，就会发生一些意想不到的事情。根本的原因就在于缺乏思考。

小超是个很出色的孩子，从小学到中学成绩一直十分优秀，在区和

市里组织的各种知识比赛中曾经多次获奖，一度成为父母的骄傲。为了培养其全面发展，父母为他买了一台配置不错的电脑。可是，父母突然发现小黎越来越陌生了，虽然同在一个屋檐下，但儿子很少像以前那样与父母在茶前饭后聊天了，每天把饭碗一推，连个招呼都不打就钻进书房，在电脑前一坐就是好几个小时。即使最疼爱他的爷爷奶奶过来，他也只是匆匆打个招呼随即又回到书房去了。眼看儿子日渐淡薄的亲情，父母担心了起来，找到医生。医生说，网络已经危害到小黎心理健康，使他患上了网迷综合症。网迷综合症在青少年中广为"流传"。

目前社会上，像小超这样的孩子还有很多。因为他们有着强烈的好奇心和探索欲望，又缺乏必要的自控能力，一旦痴迷上网络往往身不由己，欲罢不能。

如果这些花季少年们在做事情的时候，稍微思考一下自己的想法和做法，理智地对待自己的冲动想法，也许就不会出现上面类似的事件。

每一个青少年都梦想有有个成功的人生。而成功的人通过望远镜看人生，看到人生多么伟大的境界，而心胸狭隘的人却用显微镜看人生，盯住别人的过失和错误不放。骄傲和嫉恨他人是一种慢性自杀，他们会扼杀你的健康和幸福。

永远健康和幸福是每一个父母寄予孩子的美好愿望，这是要求每一个青少年遇事一定要三思而后行，以一个冷静的大脑和平静的心态去处理事情。

千言万语，也只能化作一句：三思而后行。

3. 激活自己的内在潜能

许多人在考虑财富的时候，总认为"财富"是指身外之物。例如，银行里的存款、花园洋房或豪华汽车。然而，这些东西是真正的

财富吗？非也，人的真正财富是人的智慧。

有这样一个故事。有一位著名的画家丢失了一幅耗尽他心血的杰作，他的朋友为此很担心，喧闹不已，可是，奇怪的是失主本人却是非常得沉着，对朋友还是面带着微笑。

"你还不知道你的财产被盗了吗？"

"不，你们错了。画布上画的画不是我的财产，那只不过是从我的财产中开出的一张支票而已。我的真正财产在这儿。"他一边指着自己的脑袋，一边回答，并继续说道："我的那些画是从这个'财产'中创造出来的啊！还要等待着它创作出更多更多的画呢！"

真正有价值的，不是卵本身，而是孵化黄金卵的鹅。而所谓孵化黄金卵的鹅就是你本身潜在的能力，即你的精神、你的观念、你的理想。如果我们只夸耀目前所占有的物质财富，忽视创造财富的母体，认为只有被创造出来的财富才是真正的财富，那么，我们的前途就可想而知了。

所以，不论你腰缠万贯，还是只揣几枚硬币，切记不要以此来衡量自己财富的多少"所谓真正的财富，并不是存在于外部的物质，而是存在于你自身内部的潜在能力。

人的内在潜能是巨大的，但它并不是自动爆发的，只有满怀自信，它才能发挥出来。

精神激励，是培养自信心的一个最佳途径。妙用精神激励的各种方法，可以有效地激活自身的内在潜质。其主要的方式包括精神标语激励和权威力量激励两种。

用精神标语自我激励

精神标语，是西方成功学大师推崇的开发人体潜能的激励方法。写下自己的精神标语，它会激励你不懈的努力，以便推动你靠近成功

的彼岸。

一定要将精神标语白纸黑字写下来，光凭记忆是不够的。

将要做的事写下来是一个很重要的自律方式，也是将理想实现的第一步。你肯这样做，本来模糊的细节也会因而清晰。

每天在刚醒来和临睡之前两次念诵你的目标，与潜意识沟通达到最佳状态。在念诵的时候，你要贯注感情，并且明显地看到你想得到的成功。

就算机械式地自我暗示也会有效的。当然，你越能够注入感情，收效便越好。如果你身、心都一致渴求一样东西，你的梦想是会成真的。

戴尔·卡耐基正是通过精神标语的激励而获得成功的。他实施"精神标语"的几个步骤如下：

第一步，将你写好的精神标语摆在眼前，放松身心地做心智潜能训练。

第二步，缓慢地读着你的精神标语，甚至你可以读出声音来，以便阅读速度更加缓慢。将每一个字清楚且缓慢地读出来——这个步骤十分重要。

第三步，将精神标语中的关键字至少读两次，以便在潜意识里加强这关键字对精神标语的联想意义。

第四步，避免外界干扰，进入自我催眠状态。

第五步，一旦你觉得较为舒缓时，在你心中默吟几次"关键字"。若你愿意的话，甚至可以大声地吟出来，同时眼睛不需看着精神标语，因为"关键字"已经代表了其意义。

第六步，幻想着你已经达到了目标，想像实现理想所带来的喜悦。只要以往你有消极的心态，现在用积极的想法来覆盖它。在潜意识状态下，会使人变得更具创造力和想像力——但此时你不能有消极的念头。

第七步，在你脑中充斥着一些想像的事物时，你可能会迷失在时间的轨迹里。所以当你在做心智潜能练习时，可以将设定好时间的闹钟放在身边。有些人说，他们在做自我催眠时，常会像睡着般地失去知觉。假使你发现自己几乎要睡着，然后再将精神标语吟几次，并重复前所描述的步骤。

第八步，张开眼睛，让自己回复到完全清醒的状态。

第九步，现在，可以具体地运用你选定的关键字。将关键字写在一张小卡片上，放在一个你每天会看到而且经过好几次的地方。比如把关键字放在浴室的镜子上，同时把你认为最重要的精神标语，用大一些的字写出，其余的标语则用小字。这样做，使得最重要的精神标语特别醒目。

精神标语会赋予你巨大的力量，当然，并不是说想像后就必定能够成功，而要看你如何想像，用多大强度想像，这才是问题的关键。淡漠的希望，作用于心灵深处一定是淡漠的。从心底所引发的反作用也较弱；相反地，深度的想像，就会对心灵发生巨大作用，结果也可以激发相应的效验。

每个人都能通过暗示让精神标语起作用。一种最有效的形式就是：有意记住一句，以便在需要的时候，这句话能从潜意识闪现到思想中。

有这样一句话：人的心里所能设想和相信的东西，人就能用积极的心态去取得它。这是自我激励的一种形式，是取得成功的一句精神标语。

用权威的力量激活潜能

用权威的力量来激活潜能亦是走向成功的一条捷径。

权威人士因其地位的特殊，他所传达的信息常会在不知不觉中激活人的潜能并强烈地影响他人走向成功。

这种力量，是潜意识的。虽然很容易从孩子的身上看出来，但对成人而言，也会产生同样的效果。权威人士可能是领袖、是师长、是父母、是社会名流、是专家，他们表达的信息很多情况下是被人潜意识中当成"圣旨"接受的。

比方说，小学的学生们，常会对老师所说的话都完全信服。假如这种情况用在教学上还好，可以对学生们产生正面的影响力；相反地，若一个学生被师长冠上"捣蛋少年"的封号，这个小孩可能将会长久地调皮捣蛋下去。

也许你的父母或师长曾训斥过你的话，会印象深刻地留在你心中许多年。如今你已成年，权威的角色对你潜意识里的影响，其伤害应该不如原先那么大。你们的父母现在不会整天伴随着你；昔日的师长，现在更不会在你身边督促你。然而，在一个固定的场合，权威人士的影响力仍然会强烈地冲击着你。

有一个真实的事件作为例子。

有个人是一个吸烟超过 20 年的老烟民，他虽想过，也尝试要戒烟，但每次都失败。因为无法戒掉，他就让这个恶习继续保持下去。

不过在某一天，当他在办公室吸着香烟时，却突然觉得呼吸困难，被人立刻送到医院，而他也立即接受了肺部的外科手术。后来在他醒过来时，医生走进了病房告诉他："假使你继续抽烟，你的生命将无法维持超过 6 个月！"由于他的潜意识里完全接纳医生的劝告，所以多年后的今天，因完全戒除烟的关系，仍保有健康的身体。

当然，权威人士有时也会给我们一些不正确的意念，而我们的潜意识也常无法辨别是与非——所以，你的外在意识在接受这些讯息时，必须仔细地判断清楚。

当你决定要改变自我意象时，你一定觉得由于某种原因"看到"或者认识到了自己的本来面貌。你必须有充分的理由和有力的证据确认自己旧的自我意象是错误的，因而要重新塑造相应的新的自我意象。

你不能仅仅靠自己的想像去寻找自己的意象，借助权威的力量实乃聪明之举。

无论如何，作为一个男人，当你正视精神标语和权威的力量，并善用它们，你的内在潜能就会源源而出。

4. 开发自己的学习潜能

人类生来就有学习的潜能，任何正常的学习者都能自己教育自己，发展自己的潜能，并最终达到"自我实现"。

踏入大学校门，每个莘莘学子都已有十二年寒窗苦读的学习历程。如果再加上学前的家庭教育、幼儿园教育，十八年的成长过程便是一个不断学习的过程。学习对于我们每个人，仿佛已经是一个朝夕相伴、耳熟能详的"老朋友"了，一切从未知到已知，不都是学习的过程吗？出生时我们混沌柔弱，正是通过学习，使得十八岁我们已经掌握了很多知识，具备了某些技能，并形成了一定的对于人生和世界的看法与态度。进入大学，学习仍然是大学生的主要任务，也是我们自强自立于未来的重要手段和工具。可是你也许会发现，连同许多其他的新问题一起涌现到你面前的，还有学习方面的困惑："学什么？""怎么学？"以前的某些经验似乎已经不足以帮助你从容应对眼前的新的挑战了，我们似乎应该反观一下"学习"本身，探寻一下"什么是学习的科学规律"、"什么是学习的有效方法"？凭经验是摸着石头过河，而依照理论则可以成为循航标前进的船，这就是所谓的"磨刀不误砍柴工"。

人本主义心理学的代表人物罗杰斯曾经指出：静止地学习信息，在以往的年代也许是合适的，但如果我们要使当代文化得以生存下去，就必须使个体能够顺应变化，因为变化是我们当代生活中最重要的事实。也就是说，采用以往的学习方式，无法使我们适应当前的处境。对于不断变化的社会来说，采用新的、富有挑战性的学习始终是必需的。而在现代社会中最有用的学习是了解学习过程，对经验始终持开放态度，并把它们结合进自己的变化过程中去。

学习的内容因学科各异而丰富多彩，各学科也有其特殊的行之有效的具体方法，但任何学科都有着普遍相似的基本的心理过程，这就使心理学家研究"学习"本身的性质，机制等成为可能。研究者们通过他们各具特色的实验设计、思考角度，对学习的某些种类、某些现象做出了不尽一致的解释，形成多种"学习理论"。每种理论虽都有其不足和未及之处，但亦都有其一定的意义价值，它们都以不同的着重点从科学的立场，告诉我们究竟什么是学习。

一只饿猫被关在迷箱里，迷箱外放着一盘食物，箱内设有一种打开门闩的装置，比如，一根绳子一端拴着门闩，另一端安有一块踏板，猫只要按下踏板，门就会开启。猫第一次被放入迷箱时，乱冲乱撞，或咬或爬，试图逃出迷箱。终于，它无意中碰到踏板，门开了，猫逃到箱外，吃到了食物。再把猫放回迷箱，它仍会经过冲撞咬抓的过程，但所需时间可能少一些。经过如此多次连续尝试，猫逃出箱外所用的时间越来越少，无效动作逐渐被排除。以后，猫一进迷箱即按动踏板，逃出箱外，获得食物。这只猫经过"尝试—错误—再尝试"的过程，最终学会了"踏板—开门—吃食"的联结。

猩猩基加被关在一个大笼子里，它跳起来也探不着笼顶上挂着的香蕉。笼子里还放着几只箱子。基加用自己熟悉的方式取不到香蕉，它蹲在那里，望着香蕉，若有所思的样子。突然，它意识到，箱子不是随便放在那里的，它觉察到了箱子和高处香蕉之间的关系，它跃起来，搬了一个箱子放在香蕉下面，自己站上去，可还是不够高。基加无奈，只得坐在箱子上休息。突然，基加跳起来，搬起坐箱叠在另一只箱子上，迅速爬上去拿到了香蕉。三天后，实验者稍稍改变了实验情境，基加竟能用旧经验解决新问题。基加的学习是一种对事物之间

关系的突然领悟——即"顿悟"。

欧基米德接受皇命，要他检测皇冠的含金量，他百思不得其解，连洗澡时仍在动脑筋，当他跨入浴缸时，看着满满的浴缸里溢出的水，突然，他想到了进入的物体的体积与溢出水的体积之间的关系，难题终于迎刃而解！

八九个月大的幼儿看见一只小木球，试着拿过来把它放在嘴里，因为在他有限的经验中，"吸吮"是他探索、解释外界事物的既有模式，他用它来理解新的事物。而一旦他认识到，小球是一个可以被抛起来的东西，他就会顺应这个新功能，下次碰到小球时，他就会试图扔它，而不是把它放进嘴里。也就是当新材料不能为现有知识经验所同化时，旧的观念结构被改造和扩充，并形成新的观念结构以顺应环境，学习便发生了。

信息加工理论把人的心理活动比作物理通讯系统，人的学习过程就和一个电子装置的工作方式一样，是一个对信息进行探测、编码、贮存和复现的过程。人的感觉器官好比电视接收机的天线，接收信息；注意负责信息的筛选；受到注意的信息被辨认形成知觉经验的过程，乃是模式识别（编码）的过程；记忆的作用和磁带、磁盘一样，用于贮存信息，而已经储存起来的信息，常常会由于其他信息的干扰或本身的消退而引起提取的困难，即遗忘。

把儿童分成两组，让他们分别看一段录像片。甲组儿童看的片子是一个大孩子在打一个玩具娃娃，过一会儿来了一个成人，给大孩子一些糖果作奖励。乙组儿童看的片子开始也是一个大孩子在用力打一个玩具娃娃，过一会儿来了一个成人，为了惩罚这种不好的行为，打了那个大孩子一顿。看完录像片后，实验者把两组儿童一个个领进一间放着一些玩具娃娃的小屋里，结果发现，甲组儿童都会学着录像片里大孩子的样打玩具娃娃，而乙组儿童却很少有人敢去打一下玩具娃娃，即榜样的作用能使儿童很快学会攻击行为。接下来，实验者鼓励两组儿童学录像片里大孩子的样打玩具娃娃，谁学得像就给谁糖吃，结果两组儿童都争先恐后地使劲打玩具娃娃。这说明通过看录像，两组儿童都已学会了攻击行为。第一阶段乙组儿童之所以没有人敢打玩具娃娃，是因为他们害怕打了以后会受到惩罚，一旦条件许可，他们也会像甲组儿童一样把学到的攻击行为表现出来。

不难看出，人类能通过观察模仿学习新的行为模式；学习者如果看到别人的行为受到奖励，就会增加产生这种行为的倾向；如果看到别人的行为受到惩罚，则会削弱或抑制发生这种行为的倾向。

学习者在学习活动中的主体地位应当得到尊重。学习就是学习者在获得知识、技能和发展智力、探究自己的情感、学会与教师及班集体成员交往、阐明自己的价值观和态度、实现自己潜能的过程中，达到最佳的境界。当学习者觉察到学习内容与自己的目的有关，认识到这是自己的学习时，就能够积极地、负责任地参与学习的过程，以自我批判和自我评价为依据，而把他人评价放在次要地位；就能开始自己的有意义的学习，并能够全身心地投入，其独立性、创造性和自主性也能得到促进。

通过以上列举的具有代表性的学习理论的一些观点，我们可以看出，学习是学习者经过一定的训练以后出现的某种变化；而这种变化是复杂的，有认知的、情感的、运动的；导致这种变化的心理机制也是多样的，有渐进的"试误"、突然的"顿悟"，有通过"同化"与"顺化"与环境保持的动态平衡，还有信息的加工过程或是人的潜能的最终实现。引起这些变化的原因也是多种的，有学习情境的因素，有学习材料性质类型的因素，也有学习者自身的因素，等等。

在心理学上，尚无一种理论可以满意地解释复杂的人类学习，但我们可以综合运用不同的理论来关注不同类型的学习，并从中得到一些科学的导引。

新时代的男人要对自己的学习潜能有一个清楚明确的认识，只有意识到了自己的水平处于什么"地位"时，才能更多地巩固已有的学习成果，并学习更好的理论知识。

5. 珍惜时间，储蓄知识

一个人愈能储蓄就愈易致富。同样，一个人愈能求知，则你愈有知识。你能多储蓄一分知识，就多丰富一分生命。

用闲暇的时间换来宝贵的知识，这种零星的努力，细小的进益，日积月累，可以使你于日后大有收益，可以使你更为充实、更丰满，可以使你更能应对人生。

有些天分颇高的男人，一生只做些平凡的事。他们的天分虽高，却没有受过充分的训练、培植。他们从来没有意识到自己的进步。他们熙来攘往，所看到的只是月底的领薪水以及领到薪水以后的几天中的快乐时间，结果他们的一生总是微不足道。

人们只能利用其一小部分的天赋才能以从事事业，而不能尽其教育与训练全部的天赋才能，所以他们在事业上一定要受很大的亏累。本来足以领导人的人，因为没有受过相当的教育与训练就不得不为他人领导了。

学习即是力量。你可以利用十分钟时间读一些书籍，在自修上下一分功夫，就足以助你在事业上得一分上进。

许多志在成功者的早期，年薪很低，工作却很苦，但他们利用其闲暇的时间，自修自习以求上进，比之他们在日间的工作更为努力。在他们看来，薪水并不是大事，而追求知识、要求学习则是真正的大事。

有一个青年，他常有机会坐火车、轮船旅行远方。每次在舟车中，他总是随身带些读物，如袖珍书本、函授学校中的讲义，他总是利用了那易为一般人所浪费的零星的时间来求自己的进步。结果，他对于各门学问都有相当的认识，他对于历史、文学、科学及其他各种重要的学问都了解很多，研究很深。

许多男人在空闲的时间虚掷光阴，闲暇时间不做或者只做些有损无益、比不做更坏的事。这些人和上述的那个青年相比，岂不愧死！

孜孜以求进步的精神，是一个人的"优越"的标记与"胜利"的征兆。

只要能够知道，一个青年怎样度过他的工休时间，怎样消磨他的浪漫的秋日黄昏，那么就可预言出那个青年的前程怎样。

有的人或许以为利用闲暇的时间来读书总得不到多大的成绩，其成绩总不能与学校教育相等，因而不想在闲暇的时间读书。这无异于一个人因为自己进款不多，以为即使尽量储蓄，也不能致巨富，所以一有金钱，尽数挥霍，不稍储蓄！但是你没看见有许多人，就是因为利用了零星的闲暇时间求得了与学校教育相等的教育吗？

教育的实质之高，对于人生历程的重要性，无过于今日。生活竞争日趋剧烈，生活情形日益复杂，所以你必须具有充分的学识，受充分的教育训练以作为你的甲胄。

大多数人的问题，就在一心希望在顷刻之间成就大事。其实事情是要渐渐成就的。我们应该不断地努力读书自修，不断地充实我们的知识宝库，渐渐地推广我们知识的地平线。

将一段一节的闲暇时间，换来种种宝贵的知识——知识是可以给予我们能力，使我们得以上述——这种机会难道你能不知轻重地把它抛弃吗？一般男人不愿多读书多思考，不想在报纸、杂志、书籍之中尽量获取各种宝贵知识，真是最可怜最可惜的！他们不明白，他们所

抛弃的东西在别人手里可以成为无价之宝，是可以使生命成为无穷的。

无论平时怎样忙碌，但总有很多的光阴是虚度或浪费掉的，而这些虚度的光阴假使能善于利用，则一定能生出大益处来的。

许多男人从早到晚忙忙碌碌，在他们自己看来，他们是决无读书阅报的时间了，然而假使她们对日常事务的处理能彻底的系统化，则一定能得到不少的空闲时间。"秩序"、"系统"最能节省时间。所以男人做事，必须力求秩序化、系统化，以求在日常生活之中节省出一部分时间来，用之于"自我改进"与生命扩大的必需——读书。

原哈佛大学校长艾略特曾说："养成每天读十分钟书的习惯。这样每天十分钟，二十年之后，他的知识水平一定前后判若两人。只要他所读的都是好的东西。"所谓"好的东西"，即是为大家所公认的世界名著，不管是小说、诗歌、历史传记，或者其他种种。

大多数男人都肯在自己所喜欢的事上留出相当的时间来。假使你真有求知之饥渴、自修之热望，你总会挤出时间来的。"苦无志耳，何患无时？"不过，学习时要集中精力，凡是分散学习精力的举止言行，都要废止，一小时聚精会神地学习抵得上一天心不在焉地学习。

6. 善于运筹读书时间

时间是人的第一资源，谁善于运筹时间进行学习，谁就找到了通向成功的阶梯。

钟表之国瑞士的温特图尔钟表博物馆的古钟上刻有名言，"如果你跟得上时间步伐，你就不会默默无闻。"

生命是由一分一秒组成的，充分利用时间就等于延长了生命。爱迪生在 79 岁生日时，宣称自己已是 135 岁的老人，因为他常常一天干两天的工作。浪费时间对自己无异于慢性自杀，对别人无异于图财害命。

没有一种不幸可以与失去时间相比，男人应该在珍惜时间上建立功勋，抓住偷光阴的贼，切不可当浪费时间的凶手。

那么，怎样来运筹自己的读书时间呢？

加强时间管理，力戒放任

对时间要加以管理，不能任其自流。要学会理财，也要学会理时。这就需要制订用时计划，编制时间预算。要拿出时间用来安排自己的时间表，通过安排时间来赢得时间。

提高单位时间学习效益，力戒疲沓

学习效果，主要不靠加大时间量，而靠提高时间利用率，在用时上以质胜量。空话和瞎忙是效率的大敌。爱因斯坦坚决反对空话，他的著名公式是：$A = x + y + z$。A 代表成功，x 代表勤奋，y 代表方法，z 代表少说空话。有些科学家是以"闲谈莫过五分钟"为座右铭的。

善于化零为整，聚合时间

巧用时间的边角料，积累点滴时间来学习知识，这是用时的聚合原则。财富就在可以自由支配的时间中。有人说"20 小时是银的，4 小时是金的"。20 小时指的是工作、睡眠各 8 小时，再加吃饭、文娱、社交 4 小时。剩下的 4 小时则是用时挖潜弹性很大的主攻阵地。

缩小时间计算单位，见缝插针

达尔文从不认为半小时是微不足道的时间。俄国军事家苏沃洛夫主张：一分钟决定战局。童第周也说，一分时间一分成果。前苏联历史学家雷巴柯夫说，用分计算时间的人比用时计算的人，时间多 59 倍。学习应该争分夺秒，寸阴寸金。

最佳时间最佳利用，按质用能

每个人的最佳时间有所不同，因为生物钟有个体差异。生物钟是

内在的节律性的生命活动。

生物钟不同，最佳用脑时间也不同。一般分为三种类型：猫头鹰型（夜型），夜晚精神好；百灵鸟型（昼型），白天劲头足；混合型，兼有二者特点。

最佳用脑时间要最佳利用，这是按质用能原则。不同质的时间能源，相应安排不同的学习内容。精力最好的时间从事最费脑的学习，集中攻坚。用较长时间从事耗时较多的学习活动，一气呵成，以免中断后重新进入角色影响效率。编制学习时间预算表的时候，要将各项学习任务拉出清单，区分轻重缓急、必须做的和可做可不做的；根据程序优化原则，优先将最佳时间用于关键性的学习项目。

只要你合理运筹自己的读书时间，你就能源源不断地获得新知，你就会成为一个成功的男人。

7. 全面打造综合素质

万丈高楼平地起。对于高楼而言，基础很重要，没有了基础，一切都将成为泡影。对于一个人而言，他也要有基础，这个基础就是素质。从根本上讲，一个人的成功在很大程度上取决于个人的素质。只要有了"金刚钻"，便不怕没有"瓷器活"，便不愁做不出令人炫目的成绩。

所谓素质，是一个外延很广的概念。狭义的素质是指人的先天的解剖生理特点，主要是感觉器官和神经系统方面的特征。这种素质只是人的心理发展的生理条件，它的发育与成熟是在社会实践中实现的，它的某些缺陷是可以通过"补偿作用"而不断完善起来的。广而言之，人的学识、口头与书面表达能力、组织和管理才能、工作经历、出色的成绩、求胜心等都可用"素质"概括。具体包括以下几个方面：

学历和学业成就

现代社会中，学历的高低已经成为求职的一个必备条件。翻阅报刊上的招聘广告，走进公司招聘处，无不要求学识程度。在一些地方，小到普通玩具厂、大到电子仪器公司等应聘合同工，都有一条不成文的规定，即要求应聘者必须具有高中学历。在某些大城市，明文规定硕士以上学历者调入该市工作，可以免收几千元的工作调动费，博士甚至可以额外解决家属就业问题。所以如此，是因为学历可以衡量一个人的学识程度，可以初步判断一个人的素质，这就是体现人们接受教育的重要意义的一个方面。

学业成就直接关系到一个人的工作和薪金。但步入社会的必要准备不仅包括一个人学习期间的综合素质，以及某种潜能的挖掘。

当一个雇主看到你的毕业证书上各门功课很少达到良好以上时，你的面试表现再好恐怕也很难打动他。当被问及专业相关的一些知识，你只能环左右而言他时，主考官眼神一定会告诉你某些不好的兆头。当被问及的问题被你回答的像背书一样时，招聘者可能只会佩服你的记忆力。在目前人才云集、职位甚少的竞争环境里，你综合素质的好坏或高低直接关系到你的前途。

口头和书面交际能力

据调查，人们发现在就业与工作中卓有成绩和受到提拔的重要因素中，口头和书面的交际能力位居榜首。

无论在工作岗位，还是在校就读，交际能力的确有待提高，着手这些技能的开发、培养和磨炼是刻不容缓的。如果你的文笔粗浅，表达呆滞，句子结构松散，语法错误不断；或在众目睽睽之下难以表达自己的见解，那么，你最好为此作些努力。逃避是没有用的，丑媳妇

早晚要见公婆！你的这些弱点或早或迟总要显露出来。或许有一天，你被邀作一次演讲或参加一次分组讨论。因此，你就应该做好充分准备，要使你的口才同你的能力一样，给人留下深刻的印象，而不要因此削弱了你的形象。

如果你的书面表达能力不强，你的雇主或同事可能会一边读着你起草的东西一边想："某某是个人才，也是名好雇员，可他（她）写的东西一文不值。"努力改正这些缺点，不要让它成为毁灭你前程的病根。

在求职过程中，如你在这一领域缺乏能力，也将很快地表现出来。行笔粗糙的求职信中，表述不清的个人简历和质劣的申请表述都是写作技巧的实际体现。同样地，面试也为检验口头表达能力提供了机会。

"亡羊补牢，未为晚也。"目前在社会上已有一些口头交际、公开讲演、书面表达之类的培训班。如果你的表达能力达不到一般水平，参加这一类培训班是极其必要的。报名参加了这类课程（即使是被迫的）并自觉练习这件事本身就反映了这些人的成熟和积极进取。

电脑技术

我们生活在一个信息化的时代，这个时代的新信息、新知识、新技术在以几何级数字增长。无论你主修的课程是商业、工程学，无论你学的是理科还是文科，电脑知识与技术在你个人和职业的未来中，都将起着愈来愈大的作用。要明智地利用你的选修课程，首先要明了你的领域是以电脑知识作为职业工具，还是仅仅需要了解个皮毛。然后，学习所需的必要课程，为未来作好充分的准备。

要铭记，今天所学的基本知识和技能都是明日走上工作岗位竞争获胜的因素。高科技条件下，许多人将像过去使用笔和纸一样使用电脑。雇主们越来越把电脑知识作为衡量你的一项举足轻重的技能来对

待。为了在职场上如鱼得水，一帆风顺，你必须提早学习电脑知识，拥有电脑技术。

社会活动能力

社会活动能力体现了参与意识和为共同的目标一起工作时与别人共处的应付能力。担任公职则进一步表明了领导和组织能力。作为小组或团体的成员，加强社会活动的能力的培养，对于增进社会能力也是有帮助的，而后者又是求职的一个有利因素。要想学会游泳就要下海而要增强社会活动能力，惟一的途径就是大量地、勇敢地参与各类社交活动。孤守空室和不合群是永远不能增进你的社会活动能力的。同时阅读一些社交艺术方面的指导书也是很有必要的。

打铁还须自身硬。作为一个男人，一方面要在学业上有所成就，另一方面要培养自己的各种能力，你的腿部力量才会比较强劲，你才能在人生的舞台上挥洒自如。

8. 责任是成功的脊柱

责任感是一个人立足社会、获得事业成功必须具备的人格品质之一，它是一个人对自己的言论、行动、许诺等持认真积极的态度而产生的情绪体验和反映。有责任感的人能够很容易地获得别人的认同和支持；有责任感的人会尽自己所能去完成自己应该承担的那部分责任，即使未能完成，他们也会勇于承担。这样的人常常能够顾及到他人需要，所以很容易与人相处，获得别人的认可和喜欢，赢得别人的信任，并能够让别人放心地委以重任。相信广大的青少年朋友们，都愿意做一个敢于承担责任的人。

社会责任感重于一切

何谓社会责任感？社会责任感从广义上说是指个人、组织对自己、他人、家庭及社会所应承担的责任。从狭义上说是指个人、组织对社会的责任。有责任感的人能够尽自己所能去完成自己所承担的那份责任，即使由于某种原因不能完成，但勇于承担。这些是青少年所要做到的，也是必须要做到的。因为责任感是一个人的人格品质体现。

一个人社会责任感的形成，是一个长期的过程，需要从小培养。而学校是培养孩子社会责任感的重要阵地，青少年时期又是公民社会责任感培养的关键时期。在这些花季少年的眼里，也许还没意识到责任感的重要性，甚至还不知道什么是社会责任感。

对于青少年存在的许多问题，诸如学习松懈懒散、违纪犯规、随意损坏公物、污染环境、得过且过、醉心玩乐、沉溺于长时期上网，甚至沉迷于凶杀、色情等不健康的网络垃圾，对他人、集体、社会漠不关心等等，都与社会责任感有直接的关系。可是，我们没有意识到，只是觉得社会责任离我们太遥远。殊不知，青少年，你们所做的一言一行都与个人、家庭、社会有着很大的关联。导致这些存在的根本原因，就是对社会责任感的培养教育重视不够。

当代青少年正是迈入和谐社会的一代人，加强对当代青少年精神世界的培育是很需要的，这是教书育人工作的第一要务。而培育当代青少年精神世界的首要的基本问题是激发我们的社会责任感。社会责任感的培育要从小抓起，其中学校是起着关键性的作用，多开展志愿者服务活动，进一步弘扬志愿精神，加强青少年的社会责任感。

教育杂志报道：某市中学为加强孩子们的社会、家庭、个人的责任感，每月的15号都要开展相关的责任感活动。其中最有代表性的是对希望工程的募捐。学校在开展此项活动，还设置了许多小奖项，以提高学生的积极性，让更多的青少年意识到自己与社会是息息相关的。这样不仅让我们养成了不乱花钱的习惯，在道德上了也得到了提升。对家庭，告诉我们父母对我们的养育之恩，应该好好学习来报答；还

告诉我们，生命对于人来说，只有一次，应该好好珍惜，不要随便有"轻生"的想法，这是对自己、对家人、对社会的责任。

像这样的教育方式，社会还需要很多，青少年是祖国未来新的一代，让我们知道，社会责任感重于一切，应作为一门社会课程来学习。

中国改革开放二十余年，物质越来越丰富，社会变化越来越快。老一辈的世界观、人生观和价值观，对于很多年轻人来讲已成为昨日黄花。勇于奉献、不求索取；服务社会、报效祖国……这样的口号和行为，在一些崇尚享乐主义的青少年，特别是城市青少年中，已不受欢迎。市场经济社会中，并不是说只讲奉献不讲索取，而是说我们应该"有所为，有所不为"，不能将"索取"和"回报"作为进行任何事情的底线。

固然，不可能每一个人都能像李建保教授那样，为了更好地报效祖国，冒着极大的个人前途风险改学专业，也不可能每个人都有像他那样放弃国外舒适的工作和生活，毅然决然回国贡献的机会，但是，我们依然可以有自己的表达方式，表达对祖国和社会的深沉的爱。而保持"对社会的责任感"，会使我们在和平时期的日常生活中，通过自己微小但不卑微的各种行动，释放自己的爱国热情。

对于我们每个人来说，社会责任感是十分重要的。强调奉献精神和服务社会，自己主动做一些对社会有益的无回报或者少回报的事情，主动承担起一些所在群体中的责任和义务，对于陶冶自己也是十分重要的过程。这些都需要家庭、学校、社会共同努力，培养青少年的社会责任感，从小开始。

责任感创造奇迹

责任感可以创造奇迹。相信吗？肯定有些人难以置信。但是这是事实，许多人因为某方面的责任感，已经创造出惊人的奇迹。母亲可以为挽救腹中的婴儿，创造出无法忍受的疼痛奇迹；一个对体育毫无兴趣的文弱书生，为了集体那份责任感，竟然创造出打破记录的好成绩；一个被医生认为无法挽救的垂危病人，想到自己还有家庭、孩子、父母，这种责任感让他与死神擦肩而过，创造出生命的奇迹……这样的事情举不胜举。

青少年除了要肩负社会的责任，还要知道有了一份责任感，可以创造惊人的奇迹。一个经常逃课的孩子，意识到父母对自己的关爱，从此以后不会再逃一次课；一个考试经常不及格的孩子，意识到自己已经影响整个班级的成绩，让父母和老师失望，从此以后他的成绩总是名列前茅……这些小小事情正体现了对责任感的认识，"创造"了青少年生活中的想都不敢想的奇迹。

蝴蝶的美丽在于它斑斓的色彩，鱼儿的美丽在于它水中灵巧的身影，白兰鸽的美丽在于它的纯洁和给人们带来和平的希冀，马的美丽在于它奔跑的速度和因奔跑时发出令人遐思的节奏。然而，这一切的美丽无论如何都比不上人生命的美丽，因为这些生命都是为悦目人的眼睛存在而存在，离开人鲜活的生命，一切将变得虚空而没有任何价值和意义。莎士比亚曾经说过：人是万物的灵长，是一切生命的精华。是的，有了美丽的生命，才创造了生命的奇迹，才创造了人类的文明，也因此创造了社会的历史。

每个人都应抱有生命的那份责任感，不要无视自身的渺小，要学会感怀生命的奇迹。这样心中的那份责任感会悄然滋生，自己的星星之火才能燎原。

9. 非专注无以作为

专注能够创造奇迹，专注有点石成金，化腐朽为神奇的力量。专注是指一个人的注意力高度集中于某一事物的能力，注意力的集中与否直接关系到青少年的学业好坏和他以后的事业成功与否。如果做事情时不能达到专注，他们就很容易受到外界的影响而放弃所有的努力，以至于到最后一事无成。因此，对于青少年来说，败也专注，成也专注。古人云："欲多则心散，心散而志衰，志衰则思不达。"所以，非专注无以有所作为。

难也专注，成也专注

人贵有自知之明，成败博与专注。

专注能够创造奇迹，专注有点石成金、化腐朽为神奇的力量。专注是指一个人的注意力高度集中于某一事物的能力，注意力的集中与否直接关系到青少年的学业好坏和他以后的事业成功与否。

有人说，最专注的人非画家莫属也。齐白石专注于画虾，画出的虾栩栩如生；黄胄专注于画驴，画出的驴活灵活现；徐悲鸿专注于画马，画出的马呼之欲出；李苦禅专注于画鹰，画出的鹰形神兼备。

专注是自信，自信是豪气。专注是境界，境界是修养。要专注于某一事业，你就要出污泥而不染，不能被物俗欲所困扰，不能被凡事所羁绊。重要的是对自己充满自信，坚信"天将降大任于斯人"。要专注于某一事业，就要敢于舍弃，敢于有所为有所不为，敢于拢起指头攥住拳。要专注于某一事业，就要保持冷静和清醒，一日三省吾身，贵有自知之明。干事业，难也专注，成也专注。

专注是激情，激情是动力。要专注于某一事业，就要真心热爱和倾心这一事业。只有真爱，才能真专，才不至于在各种风、各种潮面前左右摇摆，不至于发出外面的世界很精彩这里的世界很无奈的慨叹，不至于朝秦暮楚，跟着感觉走。

专注是胆识，胆识是魄力。要专注于某一事业，就要敢于舍弃，

敢于有所为有所不为，限于拢起指头攥起拳。只有这样才不至于得陇望蜀，达到挖深者得甘泉的目的

专注是清醒，清醒才不迷惘。要专注于某一事业，就要保持冷静与清醒，一日三省吾身，贵在自知之明。这样才能专注于自己适合的目标，摒弃"常立志，不践志"的弊端。

干事业，难也专注，成也专注。在世事喧腾红尘滚滚中静下心来，专注于某一事业，才能成就于某一天地。

自知，专一，执著，自信，是专注精神最宝贵的四个方面。

人要有自知，要对自己的能力，性格等，内外在因素的优劣势有着非常清醒的认识和正确的评价，知道自己的长处，短处，知道自己想要什么，不想要什么；知道自己能做什么，能做到什么程度。

站在自知的基础上，对自己的理想进行客观分析评价，慎重地去选择，大胆取舍，明确最适合的势力方向和制订自己最切实的目标。常人道："难也专注，成也专注。"

难也专注，成也专注。在世事中静下心来，专注于某一事业，不受其他欲望诱惑的摆布，这是一件非常艰难的事。意味着有可能放弃很多机会，意味着遭遇困难不能退缩，但是只能这样才能成就于某一天地。在失去某些潜在机会的同时，专注也规避了某些来自不确定市场的风险；再好的机会，如果不适合自己，就只会白白浪费资源和精力；再大的困难，面对了总会有办法解决。在别人三心二意、四处出击的时候，专注会带来更多的成功机会。时下流行的一句话"只有偏执狂才能成功"与专注可谓不谋而合。

古人云："欲多则心散，心散而志衰，志衰则思不达。"是啊，人的精力毕竟是有限的，往往穷尽全力，也难以掘得真金。但是这个道理。世界上最悲惨的事情就是把精力浪费在无谓的事情上。

时间最能考验人的意志，困难最能磨炼人的意志。执著地进取，

自信就会把困难突破。所谓"涓滴之水终可磨损大石"的就是道理。在困难面前，要耐得住寂寞，经得起考验。在困难面前要坚持不懈，在挫折面前寻求突破。

专注，是人们生活中所不可缺少的，对于青少年来说，更尤为重要，应该成为学习、生活中的必修课，时时专注。

专注于你的目标

美国19世纪哲学家、诗人爱默生说："一心向着自己目标前进的人，整个世界都给他让路！""一心"就是聚精会神，心无旁骛，不受任何干扰，专注于一个目标。

赵忠祥主持的《动物世界》曾播出过美洲豹猎捕羚羊的镜头，猎豹一旦锁定了猎食对象，就会从始至终紧追不放，对追捕中离自己极近的其他羚羊会视而不见，因为它知道，如果重新选择目标，意味着一轮追杀又要从头开始。它给人们一个有益的启示：无论干什么，专注于一个目标奋斗。

专注贵在执著。

时间最能考验人的意志，困难最能磨炼人的意志。执著似乎与顺境无关，但在人生和事业的追求过程中，困难和挫折在所难免，面对这一切，坚守和执著进取的意义就会非常突出。专注一时者众，而专注数载者寡。许多大事之成，不在于力量大小，而在于坚持多久。正如贝多芬所言："涓滴之水终可磨损大石，不是由于它力量最强大，而是由于昼夜不舍地滴坠。"可不是，蜗牛爬得多慢，但它永不停歇，也能爬到目的地；蚂蚁的力气不大，但它一点一点地挪动，能把比它体重大得多的食物搬回家。

专注的可贵之处，就在于耐得住寂寞，经得起时间的考验，在困难和挫折面前始终坚持不懈，并寻求重点突破，最终铲除困难，臻至成功。

目标是需要推进的。应当意识到，建立目标的过程是最容易受到干扰的，因为这时候还没有目标，人的精神状态是相对比较懈怠的，因此更需要有毅力。有了毅力，才能聚精会神的去干某件事情。

常言道：滴水穿石，功在水滴的专注；铁杵成针，贵在磨针人的执著。生命之路总有无奈，而执著却让它更加精彩。没有相对的永恒，绝对才是永远。因为执著没有期限，要坚持就必须超越时间。也许，现实总与梦想相悖；或者，理想的结果永远不会出现。

一个人的精力是有限的，把精力分散在好几件事情上，不是明智的选择，而是不切实际的做法。专心做好一件事，就能有所收益，能突破人生困境。反之，一下想做的事情太多，反而一件事情都做不好，结果两手空空。

想成大事，不能把精力同时集中于几件事情上，只能专注其中之一。也就是说，我们不能因为从事分外的工作而分散了我们的精力。

如果一个人集中精力专注于一项工作，那么就能把这项工作做得很好。

美国一个成功学的研究机构曾经长期追踪研究 100 个年轻人，直到他们年满 65 岁。结果发现：只有 1 个人很富有，有 5 个人有经济保障，剩下 94 人情况不太好，可算是失败者。这 94 个人之所以晚年拮据，并非年轻时努力不够，主要原因在于不专注于自己的目标，不执著与自己的目标。殊不知，有目标，才有斗志，才能发掘出人们的潜能。目标，不只是理想、也是约束，有了约束才有发展。对跳高运动员而言，如果不在他的前面放一根横杆，可以肯定，他永远也跳不出好成绩来。正确的方法是，不断升高横杆，让他不断地超越。有了目标才会使心态更加积极、专注和执著。

在青少年成长的道路上，学业是第一位，专注于自己的学业，执著于属于自己梦想中的那个目标，坚持不懈地走下去。

10. 独立是立世之本

现如今的青少年对父母过于依赖而缺乏一定的独立自主性，这对他们的成长十分不利。青少年应该明白，没有谁能依靠父母一辈子，总有一天要学会一个人面对这个世界。独立才是立世之本，只有独立自主，才能挺起腰杆做人。所以，青少年应该随着年龄的增长和见识的扩大，学着自己处理一些难题，果断地做出决定，有意识地培养自己的独立自主性，以便能够适应生活环境和范围的不断变幻，为以后在社会这个大舞台上施展才能打下基础。

克服依赖，学会独立

春风轻轻地拂过蒲公英的叶子，带走了蒲公英的种子。青春悄悄地撞了我一下，偷走了我恋家的情结。家，在我们成年以前，是幸福温馨的港湾，我们期待回家；在我们长大以后，家就成了封闭的鸟笼，我们渴望摆脱它的束缚而远飞他乡。

是的，青春年少的飞翔梦是抹煞不得的，只是我们的父母担心我们的翅膀不够硬，担心我们经不起风浪，担心……一切的担心均出自我们不会独立生活，不会独自应变一切突如其来的情境。要想飞出囚笼，就得学会独立。要想搏击风雨，展翅高飞，也一定要学会独立。

中国有句俗话叫做："娇子不成器"，意思是说娇生惯养的孩子不可能成为有用之材。这就要求我们青少年在日常生活中，该自己做的和通过自己的努力能做到的事情，就不要别人代做，还要力所能及地帮助他人做一些事情。在做这些日常小事的过程中，逐步培养自立自强的精神。

　　培养自立自强的精神，就要克服依赖性。现在的青少年大多是独生子女，由于父母的倍加疼爱和精心呵护，使一些人不自觉地养成了生活上的依赖性，遇事不是先想到自己去做，而是想到由别人做或靠别人帮助去做。长此下去，将严重影响自身的成长。因此，在日常生活和学习中，要有意识地培养自己的自立能力，克服依赖他人的做法。

　　青少年是新世纪的一代，是充满希望有所追求的一代，是要独立面对人生，独立面对生活，独立面对社会的一代，不仅事事要独立，时时也要独立！其实，每个人都会有一定的依赖心理，但你身上除了求生存的相互依赖外，还存在着幼稚不成熟的依赖心理。心理学家认为，依赖感首先反映出人的自我中心意识，过分依赖往往是由于过分关注自身而不善于站在别人的立场着想所致。

　　依赖心理是每个青少年都会有的，但它很大程度上取决于自己的思维模式中。所以，依赖心理能否摆脱，很大程度上取决于依赖者自己。要做到这一点也并不是很难，只要你学会去帮助别人、关心别人的时候，你就在一点一点的克服依赖的心理了。因此，首先学会主动去关心他人，帮助周围的同学。其次，学会当个好观众。人是在模仿和学习他人的行为中成长的。再者，要勇敢面对现实，要有意识的锻炼自立能力并独立自主完成事情，锻炼独立思考能力和独立决断能力。同时，要学会自我肯定，充分发挥自己的优点，树立自信心，"聚沙成塔"，逐步积累成功经验，体验成功的喜悦，最终学会独立生活。

独立自主才能自力更生

　　在如今这个时代，大多数家庭的孩子都是独生子女，父母、爷爷奶奶、外公外婆都视之为宝贝，孩子从小就在6：1的重重关怀之下成长，过度的宠爱往往导致孩子的日常生活严重依赖亲人，造成长大以后生活自理能力极差。

曾有报道一个孩子面对没有剥壳的鸡蛋竟不知如何下口，因为平时都是父母剥好壳送到嘴边的，这正是溺爱导致过度依赖的典型例子。

当代青少年，是祖国未来的希望，我们不能做那个连鸡蛋都不会剥的孩子，我们不能做生活中的"残疾人"，什么都要依靠家长。一个人最终会长大，早晚要独立，这是不争的事实。独立行走，使人脱离了动物界而成为万物之灵。当孩子跨进青春之门的时候，进入青春期后就开始具备了一定的独立意识，但对别人尤其是父母的依恋常常使其感到困惑。一方面青少年们想要独立，一方面又觉得离开了父母的帮助让自己感到很不舒服，还有一些青少年理解错了独立的意思。家长希望慢慢长大的孩子自己学会独立，但是独立不是让你我行我素地去做事情，独立不是让你什么事情都不要告诉家长。在这里呢，想提醒广大青少年朋友的是：要找好独立与依赖家长之间的平衡点。毕竟我们还是未成年人，有些事情我们的判断能力还达不到理想中的高度。独立不是让我们一意孤行，而是在接受家长的意见之后，再自己做最后的决定。

当你跨进青春之门，你开始具备一定的独立的自我意识，自我意识就是个人对自己的行为以及自己在社会生活中所处的地位和所起的作用的认识。随着青少年的自然成长，呈现在他们面前的物质世界的形态日益复杂。自然科学知识的灌输，生活经验的积累，既可使原先认为是复杂的事物变得简单，同样，也可使原先以为是简单的事物变得复杂起来。这种主观体验上的演变，增加了青少年的焦虑，在他们心目中，知识的积累反而给思维造成了空前的混乱，原先清晰透明的世界，现在却变得"混沌不堪"了，他们感到了茫然，无所适从。

如果说儿童的自我意识近似于一张白纸，成年人的自我意识是一幅布局有序的彩图，那么，青少年时期的自我意识却像已经涂满了五颜六色的颜料，还是一幅无法辨认的水彩画草图。因此，这个时候应

给予青少年关心与引导。那么，青少年也应该注意这个时期的心理变化过程，不要害怕长大，不要拒绝改变，只有这样我们才能慢慢的独立自主，只在这样在将来的某一天我们才有能力自力更生。

11. 理财是致富之本

理财在任何时候都是一个赶得上潮流的话题，在经济飞速发展的今天，理财有着不可估量的作用，放眼望去，拥有巨额财富的人无一不是理财高手。对于还不用劳动就有大把零花钱的青少年来说，让自己快速拥有理财能力更是显得刻不容缓。有人说过，现在的孩子缺的不是钱，而是对钱的驾驭能力。理财也是一种技巧，学会了理财，才会让他们懂得赚钱的不易和花钱的节约，才能让他们更适应现代的经济生活。

学会理财，让你不再囊中羞涩

理财在中国应该算是一个新兴的产业了，提到理财，大家的第一反应就是：那是有钱人的事，那是家长的事，跟我们青少年没有关系。其实不是这样的，一项有关青少年消费行为的调查显示，青少年虚荣消费和冲动消费行为倾向较强，而理性消费行为较弱。有关专家建议，应该从小就有意识地培养孩子的理财能力和理性消费的观念。

调查显示，青少年每个月可以动用的金钱，*100* 元以下的占 *36.5%*，*100* 元至 *200* 元的占 *23.1%*，*201* 元至 *400* 元的占 *19.2%*，*401* 元至 *600* 元的占 *9%*，*600* 元以上的占 *8.3%*。青少年的零用钱主要是用来购买衣服鞋袜、消闲刊物、参考书，到西式快餐店消费，以及看电影等。

调查结果表明，*39.6%* 的青少年认为"自己有很多用了不久便不再用的东西"。由此可见不少青少年在购买东西时，可能会因为受他人的影响，从众消费，或可能被商品的外观所吸引，凭一时的冲动而购买，买回来后却发现并非自己所需要的而闲置一旁。相当多的孩子存在乱消费、高消费、理财能力差的问题。因此，有必要在青少年中开展理财教育。

西方家庭普遍认为，理财教育是家庭教育的一个分支，也是素质教育的重要内容。美国人的教育方法就是根据孩子的心理和生理的自然发展来定的，这充分体现出了生动取材、由浅入深、循序渐进的鲜明特点。

理财，刻不容缓

1. 青少年对钱的认识。现在的青少年衣食住用都不用自己操心，每天除了学习之外，就是和同学在一起，所以，同学之间的影响是非常大的。

中学生随着年龄的增长，自主意识增强，需求又有所不同。他们的零花钱主要用于以下几个方面：第一、娱乐。"吃喝玩乐"依然是这个年龄段的主要花销。有的同学甚至将正餐的钱也全买了零食，而主食却很少吃。这个年龄段的青少年特别喜欢一些歌星、影星，有甚者是他们的铁杆粉丝，影碟、歌碟自然少不了。相对于男同学来说，上网玩游戏的吸引会更大一些。节假日，同学还会相约出游，也免不了花销。二、学习。买书和购买学习用具。中学学习压力明显增大，很多同学出于紧迫感，用压岁钱买了学习资料、参考书、工具书等。也有一部分选择买一些世界名著、言情小说、科幻小说和漫画。三、生活。中学生的日常开销有路费、伙食费、电话费等。此外，中学生有了更强的自主意识，衣服鞋袜，复读机手机，自行车滑板，孩子们都希望能够按照自己的意愿去选择。四、储蓄。有极少数的孩子想到了把多余的压岁钱和零花钱存入银行。

2. 家长缺乏价值引导。很多家长对孩子的零花钱到底去了哪儿是一笔糊涂账，只要孩子张口，而且是关于学习上的，家长们就会毫不迟疑的给。同时，家长们并不完全清楚孩子孩子拿到这些钱后如何使用。这在一方面体现出了家长对孩子的爱，另一方面也反应出了一部分家长对孩子缺少理财教育。例如说：孩子提出要买复读机，家长一听与学习有关，马上掏钱，可孩子拿复读机听音乐的时间大多于听英语的时间；又如，孩子说为了方便查单词，需要买个电子辞典，家长一听也立马同意，不去追究孩子买电子辞典到底是为了查单词还是为了打游戏。这些都是家长们在孩子使用零花钱的方式上缺乏正确的引导，这样孩子就不知道挣钱的辛苦，也不知道钱要花在什么地方才合适。有些孩子拿到零花钱周末就去上网、打游戏、看电影，而家长却毫不知情。

有些青少年在使用零花钱的时候，对钱的用途认识不清，认为几块钱买瓶饮料理所当然，认为几块钱买个汉堡天经地义，但轮到买一些学习资料的时候，却把它当成一种浪费。这些青少年已经在对事物的价值认识上出现了偏差，这与家长们的引导有着密不可分的关系。

3. 青少年缺乏理性消费。青少年在使用零花钱时，缺乏正确的理财意识，从而导致了很多青少年消费不合理的情况，这主要体现在以下几个方面：

从某种意义上来说，零花钱会影响同学之间的正常交往。孩子的心灵原本是世界上最单纯的，但随着零花钱将孩子们的"贫富差距"拉大，有的孩子利用自己零花钱多的优势拉帮结派。平时，同学在一起玩，就请同学吃点零食。遇到某某同学过生日，便带上一拨同学大吃大喝，一顿饭就要花去好几百，有的甚至还会去KTV包厢。在这些青少年的眼里，钱就成了他们与人人交往的桥梁，一旦没有钱，就好像失去了自己的地位与威信。

我们来看一下其他国家对孩子的理财教育，你就会知道：在中国，青少年理财，刻不容缓！

美国：有钱人家同样鼓励孩子自己挣钱支付保险费用或部分学习费用等。绝大多数18岁以上的孩子都靠自己挣钱读书。孩子认为长这么大还伸手向父母要钱很不光彩，尽量做到经济上独立。

日本：家长虽然严格控制子女零花钱的数额，但是一旦给出就会让孩子自主安排，并视之为培养孩子理财意识的途径。父母甚至还会相互打听各自给子女零花钱的数额，并约定大致的数额，以免让孩子攀比而造成心态不平衡。

比利时：家长到孩子满10岁后就开始每月给一定数额的零花钱，并随其年龄的增长逐步增加。孩子的零花钱基本固定，很少受成绩或表现好坏的影响。在接受零花钱方面，家境不同的孩子之间差别并不明显。

12. 当忍耐遭遇挑战

我们常说，凡成大事者都有超凡的忍耐力。勾践卧薪尝胆，韩信胯下之辱，孙膑装疯卖傻，这样的忍耐力可以说已经达到了登峰造极的境界。青少年能够学会忍耐更是显得难能可贵，忍耐力是一种看似静态的无形的，实质上却能掀起轩然大波的力量，它往往让人防不胜防。青少年可能会由于涉世未深而不懂得忍耐的真正内涵，其实忍耐不是终点，它只是为了让自己更好的达到目的，懂得忍耐的人不是优柔寡断，相反是一个理性、有头脑的人。

忍者无敌，忍耐制胜

你有受过委屈吗？你有感到过无助吗？你有感到过孤独吗？面对

孤独、无助、寂寞，你想过要忍耐吗？你想过要逃避吗？人，其实有太多不想面对的人和事，同时也有太多的无奈了。人与人相处，就像自己的牙齿和舌头，再怎么小心也终有疏忽咬到的那一刻。要想和谐相处，首先应具备宽容的度量。古有名言："宰相肚里能撑船"，意思就是要有宽宏大量的胸怀。尽己所能给予对方改过自新的机会，用自己的宽容换得对方的进步或重生。切莫斤斤计较，所谓得饶人处且饶人。对于青少年来说，更是如此，做什么事情都不能冲动，一定要学会忍。

尽管这样，我们还是要生活下去。所以我们要学会忍耐，学会去面对所有这些不愉快的事。因为要相信：人之初，性本善。人的心都是肉长的，都拥有七情六欲。只要你肯拉他一把，只要你真心帮他，循循善诱。再迷途的羔羊也有归反的意愿，终有被感化的一天。忍一时之气，助他人成长，何乐而不为。未来的世界不是一帆风顺的，不成熟的青少年一定要学会忍！正如曾国藩所说"好汉，打脱牙，和血吞"。总有一天田中郎会登天子堂。

忍让、宽容是人必须具备的修养和品质。一事当前忍为高。著名学者胡适先生曾挨过十年的骂，但从不怨恨骂他的人。他强调："我要用容忍的态度来报答社会对我的不容忍。因为我年纪越大，我越觉得容忍的重要意义。"胡适还说："我们若想别人容忍我们的见解，我们必须先养成能够容忍谅解别人的见解和度量。"所以孟子有曰："天将降大任于斯人也，必先苦其心志，劳其筋骨，饿其体肤，空乏其身，行拂乱其所为，所以动心忍性，增益其所不能。"

不过忍也要有个适度。要因人因事而定度，千万不要忍过了头金变成铁。无限度的忍是软弱的表现，更是丧失尊严的象征。人失尊严有如行尸走肉。所以一定要量力而为把握尺度，才能百忍成金。

忍耐是一种恒心

德国著名诗人歌德到公园散步，迎面走来了一个曾经对他作品提出过尖锐批语的批评家，他站在歌德面前高声喊道："我从来不给傻子让路！"歌德却答道："我正好相反！"歌德一边说，一边满脸笑容地让在一旁。歌德以幽默和宽容的方式避免了一场无谓的争吵，也显示了他的大度和忍让。

只有忍让别人的人才会获得他人的尊敬，只有这样的人才能看得更高，走得更稳。海之所以能纳百川，就是因为它的宽广，做人也同样如此，拥有一个广阔的胸襟，才能让你更加潇洒。

为人处世忍为先。忍耐，它首先是一种坚持到底的恒心，忍作为一种处世的学问，特别是对于许多青少年来说，是绝对不可缺少的。所以，俗话说：心字头上一把刀。有句话很经典："难管之理宜听，难为之人宜厚，难处之事宜缓，难成之功宜智。"劝解人不要钻牛角尖，很难的道理先不用讲，很难处的人先让他，很难做的事先缓一步，很难取得的胜利利用智慧去获取。

人们常说："忍，忍，忍，忍字头上一把刀。"所以忍耐是一件很痛苦的事情，但它表现了一个人的一种意志，更突出了一个人的一种品质，忍耐反映出来的是人的品格。对于青少年来说，更是如此。忍耐告诉我们，不要因小失大。尤其是在身处逆境的时候，更要学会忍耐。

有这样一则寓言，说的是有个老婆婆，种了一大片玉米。到了秋天，一只颗粒饱满的玉米棒儿就自信地说："因为我是最棒的玉米，所以老婆婆肯定会先掰我！"可老婆婆来掰玉米的时候，并没有先掰它。玉米就自我安慰说："没事，老婆婆她只是眼神不好，明天一定会把我掰走的！"第二天，老婆婆又一连掰走了其他几个玉米。一连几天，老婆婆都没有来，玉米沮丧极了："我总以为我自己是最好的，其实我是今年最差的，连老婆婆也不理我，不要我了。"以后的日子，经历了烈日暴雨的颗粒变得坚硬了，整个身体像要炸裂一般，它准备和玉米秆一起烂在地里。可就在这时，老婆婆来了，一边摘下它，一边说："这可是今年最好的玉米哟，用它做种子，明年一定有更好的收获。"

所以，对于每个人来说，几乎每个人在人生旅途上，都要受到命运之神的捉弄。当你不甘心做命运的奴隶而又不能扼住命运的咽喉时，必须学会忍耐。学会让所有痛苦在忍耐中化为轻烟，学会在忍耐中拼搏，学会在忍耐中锲而不舍地追求。而不是在逆境中轻易放弃。忍耐是意志的磨练，爆发力的积蓄，用无声的烈火融化坚冰。生活的沧桑使生命埋下难言的隐痛，忍耐却使人相信，隐痛必将消失，暴风雨过后的天空会更清朗。

13. 在困境中磨练自己

耐人咀嚼的《菜根谭》中说："横逆困劳，是锻炼豪杰的一副炉锤，能受其锻炼者则身心交益；不受锻炼者则身心交损。"这真是一语道破了强者的奥秘。

人们驾驭生活的技巧和主宰生活的能力，是从困境生活中磨砺出来的。

和世间任何事件一样，困难也具有两重性。一方面它是障碍，要排除它必须花费更多的力量和时间；另一方面它又是一种肥料，在解决它的过程中能够使人更好地锻炼提高。我国古人对此早就有所认识，所以有"生于忧患，死于安乐"的说法。孟子曾经说过："天将降大任于斯人也，必先苦其心志，劳其筋骨，饿其体肤，空乏其身，行拂乱其所为，所以动心忍性，增益其所不能。"这句话应该颠倒过来说，只有经过艰难曲折的磨炼，"斯人"才能承担"大任"。国外对此也有类似的说法，如"碰壁是能力考验和提高的机会"，"困难是晋升到高层次的踏脚石"等。

所以说，在工作和生活中，一切顺遂如意，一点风雨也不存在的，不一定是好事。这可能预示着他的进步和发展已处在停顿不前的境地。

在现实生活中有很多这样的人，在舒舒服服平淡无奇的生活中消磨着时光，而终一事无成，耗尽终生。相反，那些有作为、发展提高很快的人都是些不甘寂寞、勇于在风雨中锻炼的人。他们投身到困难重重，甚至吃不饱穿不暖的境地，在与风雨搏斗中得到成长。所以有人说"困难是最佳的教科书与老师"。

"好事多磨"，"不受磨难不成佛"，这最通俗的大实话，说透了这个深刻的道理，悟透了人生成功的真谛。大凡伟大的事业都是在艰巨的磨难中完成的。一个人生活太优裕，道路太顺畅，未经磨难，未经人生路上的摸爬滚打，一旦遭到坎坷和挫折，往往会一筹莫展，驻足不前，甚至长期地沉落在苦闷之中。

恰如温室里的花朵一般，未曾经风雨见世面，未曾形成你的独立自主的能力，也就没有任何承受折磨的心理准备和经验积累。

而一个历尽沧桑、饱经风霜的人则不同，他是在磨难和挫折里长大和成熟起来的，他已经具备了应付挫折的心理承受能力和驾驭生活的能力，面对人生事业中的大小磨难，他无所畏惧，勇往直前，凭着坚强不屈的意志，战胜挫折，取得了事业的成功和人生的幸福。

自然界不时给人生提供生动的启示，它仿佛一位饱经沧桑的哲人，为人们指点人生的迷津。马尔藤博士曾这样说，在风平浪静的湖面上荡舟，用不着多少划船技巧和航行经验。只有当海洋被暴风雨激怒，浊浪排空，怒涛澎湃，船只面临灭顶之灾，船中人相顾失色、惊恐万状之时，船长的航海能力才能被试验出来。

人生也是如此。当你处于经济窘迫，生活步履维艰，事业惨淡无光之时，你才会接受考验：你是一个懦夫，还是一个勇敢坚毅的英雄好汉！

自古有"乱世出英雄"之说。历史上几乎所有的英雄豪杰都是在暴风骤雨的时代才涌现出来。大凡一个杰出的人物，都产生在重重的磨难里，产生在十分恶劣的人生境况之下。在阳光和煦的温柔之乡，在充满欢声和笑语的杯盘酒盏之下，在醉生梦死的温馨的金纱帐里，不可能陶冶出杰出的人物、伟大的人生。

人生的风雨是立世的训喻，恶劣的境遇是人生的老师。

在人生的旅程中，命中注定要努力奋斗。要不断地推石头上山，不穷尽地移山开路，不停息地追赶太阳，即使你明明知道夸父因追赶太阳已经渴死半途，化为桃林，你还是要去追赶太阳的。面对苦难，你不能停下，停下的你结局可能更加惨淡。

此为人类的大悲和壮烈吗？抑或为人类的伟大和杰出之所在？

人生与恶劣环境的关系的确如此。你究竟跳进哪一种诱惑里呢？

跳进温柔之乡！也许那只是一个幻想，一座海市蜃楼，一个永远难以实现的梦。如果你沉醉于斯，乞求于斯，你将无可救药坠落深渊。

战胜恶劣环境！用你的智慧，用你勤奋耐劳的精神改善处境，创造理想的生活。你的生命将在创造的过程中得到张扬和发挥。只要你坚持到底，你终将战胜狂风恶浪，排开礁石，抵达彼岸。

有位伟大的学者和科学家用诗一般的语言写道：

一切幸福并非没有烦恼，而一切逆境也绝非没有希望。最美的刺绣，是以明丽的花朵衬于暗淡的背景，而绝不是以暗淡的花朵映衬于明丽的背景。

正如恶劣的品质可以在幸福中暴露一样，最美好的品质也正是在

逆境中被显示的，也只有在最险恶的环境里才显示出人的优秀的一面。

历史上的许多伟大人物也只有到了除去他自己的勇气与耐心之外，别无所有之时；到了大祸临头，濒临绝境，必须谋求死里逃生之时，才显示出他伟大的人格和无坚不摧的力量。

伟人之所以伟大，就在于他们超越了苦难，战胜了险阻。

人生之所以有意义存在，亦在于人生对苦难的超越和对险阻的战胜。作为一个男人，应该勇于面对苦难的磨炼，在苦难中走向成熟，走向成功。须知：宝剑锋从磨砺出，梅花香自苦寒来。

14. 勇敢者无畏

真正的勇敢者要有足以能面对恐惧的勇气，在遇到挫折时能够昂首挺胸而不卑躬屈膝，在取得胜利时能够谦逊谨慎而不趾高气扬。不论什么时候，勇敢都是人们的守护神。而青少年是否具备勇敢这一能力，也很大程度上决定了他们以后的人生道路是否顺利。一个优秀的青少年应该知道，逃避是懦弱的表现，它除了让自己消沉外不能解决任何问题，只有勇敢地迎上，才能超越自己，超载生命的价值和意义。

勇敢是成长的垫脚石

人要学会勇敢。而敢做敢当，才是现在青少年所应该有的表现。七八点钟的太阳，就应该生机勃勃，有一种初生牛犊不怕虎的精神。所以不论你经历了什么，在经历着什么，你总该明白，人生的路，总要走下去的。只要我们没有了断自己的决心，要生存下去，我们只能学会勇敢。拳击场上的拳击手，被重重的一拳击倒在地，很痛的感觉，也许觉得自己真的不想起来了，比赛能不能就此停止，能不能就这样休息。可是，他总是要站起来的，不论是在裁判数一还是数十之后，

输与赢总是要站起来面对的。所以一定要学会勇敢。

对于青少年来说，学会勇敢就很重要。因为在成长的道路上，勇敢就是成长的垫脚石。因为勇敢，所以才会向成功迈进一大步，就这么简单，因为勇敢，所以一切看起来依然是阳光明媚。

猎物为逃避捕杀，常会竭尽心机、奋勇向前，虽逃不出魔掌，但也死得悲壮。这就是勇敢，人也一样，危急时刻，为逃离火海，有人会从六楼纵身跳下；为脱离无情之水，即使只有一根稻草，有人也会抓住不放。这是因为他的勇敢，所以在他的心里就会有一点希望，而这一点希望足以让他有重生的勇气。而具有勇敢品质的同学，往往不满足于已有的知识、成绩、现状，不墨守陈规；他们的思维总是处于兴奋活跃状态，善于抓住新的知识，归纳出自己独特的见解。

敢于挑战一切

有人认为：为了生存，动物的第一反应便是勇敢地追逐或逃窜。人也一样，因此，勇敢是一种本能的迸发与冲动。许多人在看了《勇敢的心》后，都会有一种感动，那个想安居乐业的男人最后还是成了苏格兰人民心中的英雄，因为爱让他勇敢，让他奋不顾身的为自由而战，在临刑前的那声为"自由"的高呼中，让人们看到的是一种英勇的坚毅的抗争，梅尔·吉普森的演绎真的让人感动。现实总是残酷的，但华莱士的牺牲更激励了大家追求自由的勇气，于是他们胜利了。因为那份勇气使他们走向了胜利，使他们赢得了苏格兰人民的自由！最后，梅尔·吉普森他成功了，而他最重要的支撑点就在于他的勇敢。

能够勇敢面对生活最典型的例子发生在半个多世纪前，一位饱经战争和疾病磨难、双目失明并全身瘫痪的苏联残疾青年克服重重困难，以口述实录的方式完成了一部小说，这就是我们熟知的奥斯特洛夫斯基和他的《钢铁是怎样炼成的》。

保尔·柯察金，一生挫折无数，却能勇敢面对，不逃避，珍视生命，在种种挫败下，他一次次地倒下却又一次次地重生，最后，为世人演绎了"钢铁是怎样炼成的"。故事的主人公保尔·柯察金出生在一个贫苦的家庭里。他是个正直的青年，他吃苦耐劳，做事勤恳，因此，有许多愿意帮助他的好朋友。然而。年轻的他却在生活中时常饱受着病痛的折磨和大大小小的坎坷、困苦。他打过工，后来参了军。在战争的途中，他的身体不太好，经常昏倒、发烧，结果，保尔的双腿瘫痪、双目失明，但最后他并没有向困难低头、向病魔认输。历经艰辛，他以一颗平淡的心勇敢地面对了一切。最终，他用笔来当武器将所见所闻写在了纸上，开始新的生活。

著名法国作家、诺贝尔奖金获得者罗曼·罗兰为小说译本写了序。他在给奥斯特洛夫斯基的信中说："您的名字对我来说是最高尚、最纯洁的勇敢精神的象征。"作为一名青少年，我们在为主人公苦难经历和光辉奋斗历程感叹的同时，想到与保尔相比，我们的生活学习条件简直是太优越了，我们没有理由不努力学习，不然的话保尔一定会嘲笑我们的。《钢铁是怎样炼成的》应该让我们懂得了什么样的人生最有价值，那就是永不言败奋斗的人生。

除了保尔·柯察金，还有一个张海迪，她更加的勇敢，张海迪是山东省文登县人，5岁的时候，患了脊髓血管瘤，先后做过4次大手术，胸部以下完全失去知觉。这个严重瘫痪的孩子，本来可以依靠父母的收入生活。可是，她要为人民、为社会多做事情。她说："我像颗流星，要把光留给人间。"她怀着这样的理想，以非凡的毅力学习和工作，唱出了一首生命的赞歌。

张海迪面对着病魔，面对着厄运，已不再感到惧怕，她没有悲伤，没有哀叹，她无所畏惧地迎接命运的又一次挑战。她积极配合医生进行手术治疗。手术对于她来说，已成家常便饭，在她生命的历程中，光是大手术，就已经五次了。可是这第六次大手术——癌变切除和植皮手术，医生们有些替海迪担心，担心她挺不住。因为她有高位截瘫的特殊病情，手术不能使用一点麻醉药物，以防癌变组织扩散。没想到，海迪毫不犹豫地答应了。海迪忍受了常人难以忍受的剧痛，手术顺利完成。事后她风趣地对守候在自己身边的丈夫说："我都快成为'忍痛专家'了。"

曾经中国共产党中央委员会发出通知，号召全国人民特别是青少年，向张海迪学习。从此，张海迪这个名字迅速传遍祖国的大江南北，深入亿万人民群众的心中。张海迪发表了《是颗流星，就要把光留给人间》，瞬间让她的名噪中华，获得两个美誉，其中一个就是"当代保尔"。

张海迪，一位身体高位截瘫的残疾人，却能以坚强的毅力和对生活的信心和勇敢走出残疾人的阴影，做得比常人好，她的生命是焕发生机的。海迪不仅是忍受肉体痛苦、热爱生命的"专家"，她更是忍受生活痛苦、顽强战斗、努力奉献的英雄。这位英雄至今仍在以自己的病残之躯继续为社会奉献着。

其实，有许许多多类似保尔·柯察金和张海迪的故事发生在我们身边。比如，著名女作家——岑海伦。那时在她比较小的时候，突然发高烧了，并且留下了后遗症——双目失明、双腿瘫痪。但岑海伦并没有因为她的病而失去勇气，她还想再继续学习。岑海伦就自己用顽强的意志在轮椅上自学了初中、高中、大学、研究生等的各科课程。最后，岑海伦成了赫赫有名的女作家。

对于我们来说，我们每个人都是一个完完整整的人，而且我们的智力并不差，能够学好自己的文化课。虽然，我们不能背起刀枪保卫祖国，也不能在熊熊大火的战场上抛头颅洒热血。但我们可以把我所学的知识，贡献给人民，为祖国的建设献出一份力量。有了奋斗的目标，有了学习的榜样，我们以后更应该要好好学习，成为祖国的栋梁之才！

15. 在风险中赢得住成功

深海擒龙，浅滩捉鳖，不敢近水的人什么也捉不到。只有在风险中才会逮住人生的壮丽而到达成功的彼岸。

什么是风险？风险是由于形势不明朗，造成失败的机会。

如台风带来海啸一般，机遇常与风险并肩而来。一些人看见风险便退避三舍，再好的机遇在他眼中都失去了魅力。这种人往往在机会来临之时踟蹰不前，瞻前顾后，最终什么事也干不成。我们虽然不赞成赌徒式的冒险，但任何机会都有一定的风险性，如果因为怕冒风险就连机会也不要了，无异于因噎废食，就像倒脏水连孩子一块倒掉了，这种人用鲁迅先生的话说"就是孱头"。

大凡成功人士，无不慧眼识机，他们在机遇中看到风险，更在风险中逮住机遇，打造出壮丽的成功人生。

敢于冒险的人，才是勇于成功的人。大凡追求卓越者，都清楚地知道在前进的征途上风险在所难免，但他们充满自信，在风险中必将获取人生的卓越。

冒风险就是知道有失败的可能，但坚持掌握一切有利因素，去赢取成功。

风险有程度大小的区别。风险愈小，利益愈大，那是人人渴望的处境。创业者会时刻留意这种有利的机会，但他们宁愿相信，风险愈大，机遇愈大。创业者不会贸然去冒风险，他会衡量风险与利益的关系，确信利益大于风险，成功机会大于失败机会时，才进行投资。创业者甘愿冒险，但从不鲁莽行事。

风险的成因，是形势不明朗。若成功与失败清楚摆在面前，你只需选择其一，那不算风险。但当前面的路途一片黑暗，你跨过去时，可能会掉进陷阱、深谷里，但也可能踏上一条康庄大道，很快把你带领到目标中去。于是风险出现了。前进或停步，你要做出抉择。前进吗？可能跌到粉身碎骨，也可能攀上高峰。停步吗？也许得保安全，但也许错过大好良机，令你懊悔不已。

为什么形势会不明朗？原因有三个，首先因为有些事情是我们无法控制的。石油危机、中东战争等，你能控制它不发生吗？其次，我们缺乏足够的资讯，无法做全面正确的形势判断。此外，我们有时需在紧迫的时刻，匆忙做出决定，形势发展，不容许我们有充裕时间去详细考虑。

冒风险，就要预备付出失败的代价。在哪方面要做好付出代价的心理准备？首先是客观环境，包括世界经济、政治形势的变化，科技的革新、政府政策的改变等，这些因素是我们无法控制的。

追求卓越者事前预计到种种可能招致的损失，对自己说："情形最糟，也不过如此！"然后拼尽所能，去实现目标，即使失败了，心里也觉坦然，对自己、对别人无愧。追求卓越者不会怨天尤人，自怨自艾，推卸责任；他会总结经验，吸取教训，看准时机，再行开创自己的事业。

每个人每天都在冒险，只要活着，随时都会有危险。作为男人，应当对自己的境况有充分的估计，锤炼冒险家的特质，为了达到理想的人生目标而冒险前进。